投資で資産を増やすため、絶対に必要な基本の知識

風呂内亜矢 監修

ナツメ社

はじめに

「2024年から大幅に拡充された新しいNISA《ニーサ》がはじまります」
　今、マネー業界ではこの話題で持ちきりです。

「NISA」や「iDeCo《イデコ》」といった税制優遇口座の名前を耳にする機会も増えています。円安・物価高だし、対抗するためにも投資をしたほうがいいかな？　と思う人も多いかもしれません。

　実感の通り、年々、資産運用の一部に投資を組み込むことは、やりやすくなっています。NISAやiDeCoは有利に投資を行うことができる制度ですし、投資の金額も少額化されていて、初めての人がスタートしやすい環境が整っています。

　一方で、誰もが当たり前に投資をして、しかもかなりの金額を運用することが、当たり前かのように語られているシーンに触れる機会も増えています。

　資産運用の中に投資も含めていくという選択を、初めて考え始めた人にとっては、「もうすでに長く投資に取り組んで中級者・上級者以上になっている人たち」との温度感の見極めなどが難しくなっている部分もありそうです。

本書では、すでに投資を長く続けている人にとっては当たり前になり省略しがちになっている、でも本当はとっても大切な「基本的なお金に対する取り組み方」の解説からスタートします。資産運用の一部に投資を取り入れることは、確かに有効ではありますが、投資によって制御できるお金の悩みや問題解決は、実はほんの一部です。

投資にものすごく詳しくなったり、大金を運用したりする前に、もっと身近で再現しやすいお金の取り組みもあります。いきなり数段飛びで「すごい投資」を目指さなくて大丈夫です。最初は毎月1000円の積立投資でもいいのです（→P47）。そうした「当たり前」を積み重ねた先に、投資も当たり前にできている未来の自分がいます。振り返ったら当たり前に投資「も」している自分になっていた、そんな第一歩のお手伝いができたらと願っています。

風呂内　亜矢

Contents

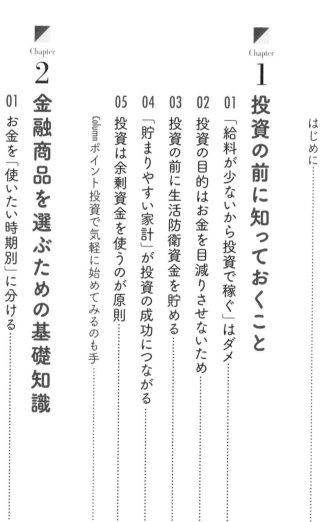

Chapter 3

金融商品のしくみをざっくりと知る

Chapter 4 NISAで投資を始める

Chapter 5 iDeCoで老後資金を手厚くする

Chapter 6

投資のための金融機関の選び方

Chapter

1

投資の前に知っておくこと

01 「給料が少ないから投資で稼ぐ」はダメ

▼投資は仕事や節約の次に考える

「給料が少ないから、投資でお金を増やしたい。何から始めたらいいですか？」
――最近こんな相談を受けることが増えました。

日本政府は投資を活性化させようと、ＮＩＳＡ《ニーサ》（↓Ｐ213〜）やｉＤｅＣｏ《イデコ》（↓Ｐ233〜）などの制度を整えています。２０００兆円もあるといわれる日本人の金融資産が投資に向けば、日本経済の活性化も期待できるのかもしれません。その成果もあってか、これまで投資に興味のなかった人たちも株取引などに参加するようになり、インターネットには「今注目すべき◯◯関連株１００」「円安時代の資産倍増ＦＸ投資術」といった投資必勝をうたう情報が大量に配信されています。

こういった情報を前にすると
「何も知らない自分は損をしているのではないか？」
「本当だったらもっとお金を増やせるはずなのではないか？」
といった発想をしてしまうのも無理からぬことです。

しかし、「給料が少ないから投資で稼ぐ」という発想は非常に危険です。

まず、「お金を増やす」ことを根本から考えてみます。
あなたのお金を増やす方法、それは次の三つしかありません。

①仕事などで稼ぐ（収入を増やす）
②節約する（支出を削減する）
③資産をうまく運用する（投資で増やす）

このうち、手っ取り早くお金を増やせる方法、それは①の仕事、そして②の節約です。「投資の本なのに仕事や節約を勧めるのはなぜ?」と思われるかもしれません。後ほど説明しますが、投資には別の役割があるのです。

▼投資より仕事や節約で増やしたほうが確実

1年で数千円、投資で増やす程度ならわかりますが、給料を補うほどのお金を手に入れるのならそれなりの投資額が必要だし、それなりの時間がかかります。**投資をはじめれば、すぐにお金が増えるなんていうことは幻想です。**

たとえば、あなたが100万円を株式や投資信託などで年利3%で運用できたとします。年利3%というのは、きちんと投資の勉強をしないと達成できないレベルです。それでも10年後の元利合計は約134万円(複利計算)。増えた34万円はもちろん大きいのですが、月平均に直したら、約2800円です。

自分のいまの仕事と比べてみてください。もし10年間、健康に働けて、収入を増やすための資格を取得し、仕事の地位もレベルアップを図っていたら、その程度なら確実に稼げるのではないでしょうか。

それにいまの生活費を振り返ってみてください。月2800円だったら、節約で何とかなりませんか？　不要なサブスクアプリをやめる、利用していないスポーツクラブを解約する、外食を月1回削るなどなど。これらを実行した途端に、何のリスクもなく、年利3％で得られる収益が確実に手に入るのです。

投資で稼げるお金はその程度のものです。

そして仕事や節約で増やすお金はリスクも少なく確実なリターンも望めます。仕事や節約は投資よりもはるかに効率的にお金を増やせる手段なのです。

投資を始める前にまずはこれらをしっかり頭に入れておいてください。

長期にわたって働き続けられるよう、健康な身体と脳の維持に努め、収入を増やすための地位向上、資格取得などにはげむ。そうした仕事での収入を増やすための努力が最も確実な投資法だと心得たうえで、投資に回すお金をどう作るかを考えていきます（→P20～、26～）。

また、節約について。無理な節約はストレスになるし、続けるのが難しい。長い間続けられれ、しかもストレスも少ない節約法をふだん使いのお金の管理法とともに解説します（→P31～）。

仕事や節約なんて投資のノウハウとは関係ないと思われるかもしれません。

しかし、これらによって「お金を貯めやすい家計」を作ることが投資の成功にもつながりやすくなるのです。確実にお金を増やしたいのなら、ぜひ身につけてください。

02 投資の目的はお金を目減りさせないため

▼お金の価値は変化する　インフレとデフレ

給料の不足分を投資で稼ごうとしない。投資には別の役割がある、と述べました。では、投資とは何のために行うのか。

それは**「お金の価値を目減りさせないため」**です。

ふだんはあまり意識しませんが、お金の価値はずっと同じではありません。極端に言うと、今日の1万円は明日の1万円とは価値が違います。

たとえば、モノの量（供給）よりも人や企業が欲しがる量（需要）が多いと値段が上がります。天候不順で野菜が不作になると、野菜の値段が高騰することがあります。いつもなら100円で買えたレタスが150円でないと買えない…。これはモノの価値が上がって、お金の価値が下がるということを意味しています。野菜だけでなく、**世の中にあるモノやサービス全体の価格（物価）が上昇していくことをインフレーション（略してインフレ）といいます。**

逆に、モノの量（供給）よりも人や企業が欲しがる量（需要）が少ないと値段が下がります。野菜の例なら、豊作で野菜の値段が下がる、といったことです。これはモノの価値が下がってお金の価値が上がったということを意味しています。**このように世の中にあるモノやサービス全体の価格（物価）が下落していくことをデフレーション（略してデフレ）といいます。**

▼きょう1万円で買えるものが10年後には2万円？

日本経済は90年代のバブル崩壊後、長いデフレが続いており、まだ完全に脱却していないとも言われています。デフレはとても異常な経済状況で、どんな国でも大きさの違いはあれ、物価が上がっていく（インフレが続く）のがふつうです。海外旅行から帰ってきた方が「庶民的なレストランに入ったのに、値段が高すぎてびっくりした」というのを聞いたことがあるでしょう。日本がデフレになっている間、海外のほとんどの国では物価が何%ずつ上がり続けていたため、日本との物価に大きな開きが生じてしまったのです。

これから日本でも同じことが起こる可能性があります。

物価上昇率を表す消費者物価指数（コアCPI）は3%*を超えています。今後も数%の物価上昇が継続する可能性は高く、日本は他の国々と同様、インフレがふつうになっていくかもしれません。

いま1万円で買えるものは明日も1万円で買えるでしょう。1か月後も買えるかもしれない。しかし、10年後は2万円を出さないと買えない、ということが起こりえます。

長いデフレに慣れてしまって実感がわかないのは仕方ありませんが、世界ではそれがふつうなのです。

持っている資産を預貯金や定期預金だけに入れておいても、実質的にはお金の価

*2023年4月

値が目減りすることになります。預金の利率を考えてみてください。ゆうちょ銀行の定期預金（5年）の利率は0・002%**です。銀行の預金だけでインフレ分をまかなえないことは明らかです。

物価上昇率2%が続いた場合、預貯金金利0・002%で計算してみると、現在の100万円は10年後には80万円程度、20年後には66万円程度の価値になってしまいます。

インフレが続いたら、預貯金だけでは資産の価値を維持できないのです。

▼お金の価値を目減りさせないための「投資」

では、お金の価値を維持するためにはどうしたらいいのか。

そこで投資を使うのです。**預貯金に加えて、株式や投資信託などの利殖性**（↓P52）**の高い金融商品にもお金を振り分けるのです。**

＊＊2023年5月。

ちなみにインフレになると、価格が上昇した分、企業の利益が増えるため、給料が増えることが期待されます。また、物価が上がっていくということはモノやサービスの価値が上がっていくということなので、無駄なモノは買わないなどの節約がお金を増やす効果に一層つながりやすくなります。

インフレでお金の価値が目減りする一方、仕事や節約をがんばってお金を貯めやすい家計にし、投資でお金の価値を維持していく。

これが、投資に期待すべき適切な温度感です。

03

投資の前に生活防衛資金を貯める

▼「努力でどうにかしよう」では貯まらない

「投資でお金の価値を維持する」といっても、どのくらいのお金を投資に回したらいいでしょうか。毎月1万円くらいなら投資に回せそうですか。

では、あなたはその1万円をこれまで何に使っていましたか？


何に使っていたのかがよくわからない。

貯金に回すようにしていたが、貯めたり貯めなかったりだった。

一部、生活資金にあてて貯められる分だけ貯めていた。


こういった方は投資でもお金を増やせない可能性が高いです。

「お金が余ったから投資に回す」とか「貯金が少し貯まったから一部を投資に回す」

といった発想ではまず続きません。

お金を増やすには、感情に左右されず、自動的に継続できるしくみを作ることが重要です。これは投資を始める場合も同じです。

「がんばった」という達成感で満足するのではなく、結果につながる行動を目指しましょう。

▼貯めやすい家計の基盤を作る

仕事や節約で貯めやすい家計にする、といいましたが、「貯めやすい家計」になっている人ほど投資でも成功しやすいのです。なぜなら、投資においては、いかにあせらず「待てるか」がカギになることが多いからです。しっかり稼いでしっかり節約して、心・時間・資金にも余裕があるからこそ、じっくりと投資に向き合えるわけです。

では「貯めやすい家計」にするにはどうしたらいいか。それには次の手順で進めてみてください。

①

投資に割り振るお金を作る前に
「貯めやすい家計の基盤」
を作る。

・生活防衛資金を貯める
・お金の貯まりやすい、
そして節約しやすいしくみを作る

この基盤が固まると、
余剰資金が増えていきます。

②

「いつまで待てるか」
を明確にして余剰資金を
投資に回す。

（余剰資金の説明→P36）

これはお金を貯めるため、また投資を行うための鉄則です。

まずは、生活防衛資金について説明しましょう。

▼投資の前に生活防衛資金を貯めるのが鉄則

なぜお金を増やすのか？　そして貯めるのか？　その目的は大きく次の二つに分けられます。

①病気やケガなど予期せぬ事態に備えるため
②将来の出費や大きな買い物に備えるため

たとえば、自分や家族の病気に備える、また、自分が働けなくなったとき、会社が倒産したときなど不慮の事態に備えるためのお金を貯める、というのは①です。マンションの頭金を貯める、とか、子どもの教育資金を貯める、また将来の年金が不安だからiDeCoなどを利用して老後の資金を貯める、というのは②です。

①と②を比べてみたとき、①のほうが優先順位が高いことは納得がいくでしょう。この①のことを**生活防衛資金**といいます。その名の通り、「生活を守るためのお金」

です。仮に一時的に収入がゼロになっても、生活費として使えるお金を蓄えておこう、というのが生活防衛資金の考え方です。

生活防衛資金があると、急なトラブルに対応できるだけでなく、お金が貯まりやすくなります。最低限の貯金があれば無駄な保険に入る必要がなく、家計への負担も少なく済むため、投資に回せるお金も増えます。生活防衛資金をしっかりと確保できれば、「何が起きても生活は大丈夫」という安心感が生まれ、「精神安定剤」の役割にもなります。


生活防衛資金と投資に振り分けるお金を分けないで「何となく不安だから貯めている」という貯め方ではダメです。

いくらまで貯めたら投資に回したらいいのかがあいまいだし、少しでも早くお金を増やしたい、という気持ちが先立って、足元のお金を株式など元本割れ（↓P51）の危険がある金融商品に回してしまう、という行動をとりがちだからです。

「無計画にお金を増やそうとする」というのはまさにこのような行動のことです。

投資は生活防衛資金を貯めてから。これが投資の鉄則だと心得てください。

▼生活防衛資金、いくら必要か？

では、生活防衛資金はいくら必要なのか？

会社員、フリーランスなど立場によって、また家族構成によっても必要な額は異なります。生活防衛資金は、手取り月収ではなく、1か月の生活費で計算します。住居費、食費、水道光熱費など、生活するうえで必ずかかるお金をリストアップして合算し、これをひと月にかかる生活費だとします。

生活防衛費は、生活費の最低でも3か月分、できれば半年分は確保してください。

たとえば、生活費が毎月15万の場合、最低でも45万円、できれば90万円を確保するということです。したがって、この方がまだ45万円の貯蓄がない場合は、まだ投資をスタートしてはいけません。

「早く投資をはじめなきゃ！」と焦らずに、まずは生活防衛資金を貯めてください。それから投資に回すお金を増やしていくのです。生活防衛資金をリスクの高い投資商品などで運用してはいけません。

04

「貯まりやすい家計」が投資の成功につながる

▼貯蓄分を先に取り分ける

投資を始めるには「生活防衛資金を貯めてから」といいました。でも、「そもそも生活防衛のためのお金が貯まらない」と嘆いている方もいるでしょう。

給料が入ったら、そこから生活費を引き出し、余った分を貯金に回す。貯金額が月によってかなりバラツキがあり、年間の貯蓄額が把握できない。

このような貯金のしかたでは、生活防衛資金が貯まらないうえに、投資をやっても失敗する可能性が高くなります。投資を始めるのなら、その前提として、**蓄財のためのお金の通り道を作り、自動化させることが必要です。**

そこでぜひ実践してほしいのが、**貯蓄や投資が上手な人ほどやっている「先取り貯蓄」。給料が入ったら、すぐに貯蓄分を別口座に取り分けて、残りの金額内で生活費をまかなう方法です。**

投資を行う前提として、まずこの先取り貯蓄のしくみを家計に取り入れて「貯まりやすい家計」にしていきましょう。

▼貯蓄用の口座を新たに作り、クレジットカードを厳選する

先取り貯蓄をするためには、まず「貯蓄用の口座」を新たに作ってください。**大切なのは、すでにいくつか口座を持っていたとしても、貯蓄用に新しく口座を作ること。**面倒かもしれませんが、必ず作ってください。

そして、その口座からは「絶対に出金しない」と決めます。「入金」の欄にしか金額が印字されない通帳を持つことで、お金を引き出しにくい心理が働きます。

そして、給料が振り込まれる口座を「生活費などを引き出す口座」と決めます。

つまり、次の二つの口座ができることになります。

・生活費用の口座……給料が振り込まれる口座
・貯蓄用の口座……新たに開設する口座（入金記録のみ。出金しない）

この二つ以外の口座は極力、解約してください。

さらに、クレジットカードも1～2枚に厳選します。口座やクレジットカードはいわばお金の出口。出口がたくさんあると、お金が出やすくなるし、何枚ものクレジットカードを使っていると、引き落とし日が複数に分かれて、管理がしにくくなるからです。

また、電子マネーを利用する場合は、使用するサービスを厳選し、毎月初めにあらかじめ決めたチャージ金額を入金し、それ以上は使わない、といったルールを作ってください。「なくなったらチャージする」のはお金がダダ漏れになる出口を作るようなもの。こういった管理の行き届かない出口を作らないことが確実に貯めるコツです。

▼貯蓄用口座は「貯めたい」という気持ちを高めるところに

新しい貯蓄用の口座を作るときに、**まずチェックしたいのは金利です。**メガバンクの普通預金の金利は0・001%、定期預金でも0・002%程度ですが、ネット銀行では普通預金でも0・1%、無条件で0・2%の銀行もあります。* 貯蓄額が小さいうちは利息は微々たるものですが、貯蓄額が大きくなればなるほど、金利差による利息の額は広がります。**ずっとストックしておくお金ですから、少しでも金利のいいところに預けるのがよいでしょう。**

また、給与の振り込み口座から貯蓄用口座へ**毎月一定額を自動的に入金してくれる定額自動入金サービスが使えるところも便利です**（金融機関によっては「おまかせ入金」など別の名称になっている）。自分で定期的に貯蓄用口座に入金するのは面倒で長続きしません。さらに、入出金にかかる手数料も安いところ、できれば無料のところを選びます。これらを考えると、貯蓄用口座はネット銀行に絞ってもよいでしょう。

＊あおぞら銀行のＢＡＮＫ口座／2023年5月現在。

これらをきちんと調べて「ここだ！」と決めた金融機関に口座を作ると、「貯めたい」という気持ちが高まり、「この口座から安易に出金してはいけない」という気持ちにもなります。お金を貯めるには、自分がこだわりを持って開設した口座にすることも大切です。

▼生活費用口座は利便性と手数料で決める

給料が振り込まれる口座は生活圏内に店舗やATMがあること、また引き出しや振り込みの手数料が安いことが重要です。「ウェブ通帳にするとATMの引き出し手数料が無料」「口座残高によってコンビニATMの引き出し手数料が月○回まで無料」といった条件にしている銀行もあります。まずは、現在の給料の振り込み先の銀行の条件を確認し、貯蓄用口座への入金のしやすさ、手数料の安さを確認しましょう。

さまざまな条件を考慮して自分にベストな生活費用口座、貯蓄用口座を新たに作ることは面倒な作業です。給料の振り込み口座を変更することになったら、公共料金の自動引き落としやクレジットカードの引き落としも手続きし直さなければならないでしょう。

でも、一度しくみを作ってしまえば、自動的にお金を貯めることができ、使えるお金を管理することも容易になります。

貯まるしくみが作れていないのなら、すぐに作るべきです。

▼節約は安全性と効率性を兼ねた投資法

節約＝支出（生活費）を減らすことも、資産を増やす方法の一つだといいました（↓P11）。そして**「節約上手は投資上手」**と言われるように、節約は投資に適した心構えを作るうえでも大切です。

節約が常に頭にある人は、100円の商品を手にとったとき、「これはもっと安くならないか」「他のモノで代替できないか」「そもそもこれは本当に必要なのか」などと考えます。また、いまは欲しいモノであっても時間を空けてガマンできたら買わない、といった行動をとることができます。

こういった行動によって、1日1000円の生活費が900円になったとしましょう。1日100円の節約ですが、これを1年続けたら、1日1000円の生活費を使っているときと比べて、約10％の利回り（↓P88）を上げているようなものです。株式投資で年利回り10％というのは、かなりの勉強と経験が必要な水準です。それが節約という安全性が高い方法で達成できるのです。

▼効率よく貯めるなら「固定費」の見直しから

節約も、貯金と同じで、しくみ作りによって自動化できます。

家庭の支出は、**毎月の支払いが変わらない固定費**と、**月ごとに額が変わる変動費**に分けられます。住居費、通信費、保険料など、毎月同額程度支払っているものが「固定費」、食費や交際費、被服費などは「変動費」です。節約を自動化するためには、毎月かかり続ける「固定費」を見直すところからはじめてください。

住居費であれば、住宅ローンの借り換えや家賃交渉を検討する、保険料であれば、契約時よりも貯蓄が増えた分の減額や解約などの見直し、通信費であれば、データ

固定費の見直しは半年～1年ごとに

通帳やクレジットカードの利用を半年～1年分チェックして、何にどれくらい使っているのかを把握する。

固定費の種類	見直し例
住居費	住宅ローンを組んでいるなら繰り上げ返済、借り換えの検討（借りた頃より現時点のほうが好条件になる場合も）。賃貸なら家賃の引き下げ交渉、家賃が安いところへの引越し、自治体の家賃補助のチェックなど。
通信費	固定電話の解約。携帯電話なら格安SIMへ変更。プランの見直し
保険料	解約、プランの見直しを検討。保険会社の変更。
光熱費	プランの見直し。電力会社・ガス会社の乗り換え。家電の買い換え時に省エネ性能のチェック。
自家用車	車のグレードを落とす。使う頻度に合わせてカーシェアサービスの利用を検討（どの程度安くなるか）。
各種定額サービス（サブスクリプション）	スポーツジム、動画配信サービスなど、あまり利用していないサービスの解約、プランの見直し。
その他	年会費のかかるクレジットカードを無料に。ポイントを貯めて一部をポイント支払いに。

量やオプションの確認、格安ＳＩＭへの乗り換えなど、固定費を抑える方法が考えられます。

投資に回せるお金（余剰資金→Ｐ36）を作るには、月単位での収支がどのくらいになるかを把握することが必要です。通帳やクレジットカード利用明細などをチェックして、**1年に1回くらいの頻度で見直す**ことが大事です。

▼無意識に使っている小さな支出を見直す

固定費を見直すことで、生活費を継続的に大きく節約することができたとします。次は、無意識に、なんとなく使ってしまっている、小さな支出を見直します。

仕事帰りのコンビニでのちょこっと買い、まとめ買いやノベルティーにつられて買ってしまった不要なモノ、毎朝のコーヒー代、使っていないスマホのサブスクなど。使ったお金に自分が本当に価値を感じているか、なんとなく惰性で買ったものはないか、検証してみてください。節約による利回りを意識すると、自分にとって価値のないモノへの出費がかなり抑えられるはずです。

▼節約できる人＝投資に向いている人

堅実にお金を増やしていける人は、運用する期間を十分に確保して忍耐強くコツコツとお金を増やしていけます。そういった方の多くは、節約体質ともいうべき、資質を備えています。納得できるものだけにお金を払う精神は、投資戦略で成功するための不可欠な要素です。毎日の節約によって、投資用のメンタリティを鍛えているともいえます。

不思議なもので、「収入が多い人ほどお金が貯まりやすい」とは言えません。収入を増やすことに加えて、出ていくお金をコントロールできる人ほど貯まりやすいのです。

05

投資は余剰資金を使うのが原則

▼余剰資金を投資に回すのが基本

貯まりやすい家計にし、生活防衛資金が確保できたら、投資、すなわち利殖性の高い金融商品へのお金の振り分けをスタートさせましょう。

投資には、「余剰資金を振り分ける」のが基本です。

余剰資金とは、生活をしていく中ですぐ必要ではないお金のこと。たとえば、次のようなお金です。

・生活防衛資金を上回る貯蓄がある場合はその上回った分
・収入から生活費など支出を引いた残りの額

▼余剰資金の見積りができなければ投資は始められない

では、余剰資金をどう見積もるか。それは前述した「将来の出費や大きな買い物に備えるためのお金」（→P23）が関わってきます。

たとえば、自己実現のための資格取得資金、結婚資金、出産資金、子どもの教育資金、マイホームの頭金、老後の生活資金などなど。**これから実現したい、または待ち受けているライフイベントによって、いつまでにどの程度お金がかかるのかを試算しなければいけません。**

投資の成果は必ず増えるとは限らず、またどんなに期待できる投資先でも、短期的にはアップダウンを繰り返します。そのため、投資にあてる資金は運用に回す「期間の猶予」がどのくらいあるのかを確認することが重要です。

・減っては困るお金が明確でない
・いつ使う余剰資金なのか検討がつかない

そういった方は、次の手順で**資産運用計画**を作って投資に回してもよい余剰資金の見積もりをしてください。

資産運用計画を作るのはとても面倒ですが、あなたがいつどこでどういったことでお金が必要になるか、そのためにどう準備をしたらいいかがわかる「お金の見取り図」になります。この見取り図は一時的なものではなく、あなたがこれからお金とどうつき合うのかを決めるものになります。定期的な見直しと修正が必要ですから、表計算ソフトなどを使って作成することをおすすめします。

▼資産運用計画の作成手順

繰り返しますが、投資にお金を回すのは生活防衛資金を貯めてからです。

そのうえで投資に回すお金を見積もってみます。

①家計の収入、支出を書き出し、収支を算出する。

②お金のかかるライフイベントを書き出す。そのライフイベントがいつ行われ、ど

のくらいのお金が必要なのかを見積もる。

ライフイベントの時期によって「すぐに使う」「しばらく守る」「じっくり増やす」の三つに分け、それぞれ必要な額を概算します。

詳しくはP48以降で説明しますが、「すぐに使うお金」は日々の生活に使うお金、「しばらく守るお金」は数年後にやってくるイベントに備えるお金、「じっくり増やすお金」は貯めるのに時間がかかるお金と考えてください。

たとえば、子どもの教育資金や老後の資金など、かなりの額を確保しなければならない、また貯めるまでに時間がかかる資金は「じっくり増やすお金」です。子どもの進学資金にするためにNISA《ニーサ》で積立購入をする（↓P213〜）、老後資金を確保するためにiDeCo《イデコ》（↓P233〜）を利用するといった知識が必要です。

また、老後資金には自分が受け取れる公的年金額を知る必要があります。そのためにも、ねんきんネットで試算をしておくことが肝心です（↓P248）。

③①の収入から支出を引いた額、そして②の見積額と貯めるまでの期間から、余剰資金を算出する。

先ほど述べたように、これらの計算には表計算ソフトを使います。

①では、給与明細や預金通帳などを用意し、収入と支出を大まかに書き出します。この作業で無駄な支出に気づくこともよくあります。ただし、支出を切り詰めすぎると、計画倒れになりやすいので、ある程度余裕をもたせるようにします。

②では、現在から数十年先まで、自分や配偶者、子どもの年齢、収支の概算を書き込みます。収支の概算は、①によって算出した収支から予想される概算額で結構です。

資金運用計画によって、ライフイベントを行う資金を確保できそうかどうかが見えてくるはずです。**足りないということがわかったら、収入を増やす手段を探る、固定費など支出を減らすなど対策を考えたり、余裕がありそうだったら一部を投資に回して運用するなど、何パターンも作成します。**

資産運用計画は、定期的に見直すことによって、実現性が高まります。

▼投資には三つの余裕が必要

余剰資金を算出するときは月の収支をゆるめに見積もり、ストレスなく実現可能な金額を投資に回せるようにすることが大切です。

投資には三つの余裕、「心の余裕」「時間の余裕」「資金の余裕」が必要だといわれます。投資期間が長くなると、投資で得た利益をさらに投資に回すことができ、資産を育てる効果も高まります。また、損失が発生しても、時間に余裕があれば、再浮上する可能性も高まります。

また、資金に余裕があれば、さまざまな金融商品にお金を振り分けることができ、たとえ値下がりした商品があっても、他に値上がりした商品の利益で損失をカバーすることもできます。

資産運用計画の作成作業は、三つの余裕を生み出すための準備でもあります。ぜひ実行してください。

資産運用計画の作り方

(例)5年後に住宅購入のための頭金を予定している場合

❶1年間の収入と支出の概算を書き込み、収支を算出する。

❷お金のかかるライフイベントを書き込む。

❸ライフイベントに予定している金額を「一時的な支出」に記入する。

❹この余剰資金のうち、一部を投資に回すなど、検討する。

	年	2023	2024	2025	2026	2027	2028
	経過年数	現在	1年後	2年後	3年後	4年後	5年後
	夫の年齢	37	38	39	40	41	42
	妻の年齢	34	35	36	37	38	39
	長女の年齢	6	7	8	9	10	11
	長男の年齢	4	5	6	7	8	9
	ライフイベント		長女、小学校入学、習い事○○開始		長男、小学校入学、習い事△△開始		❷住宅ローン頭金
❶収入	夫の収入	450	450	450	450	450	450
	妻の収入	120	120	120	120	120	120
	一時的な収入						
	収入合計(A)	570	570	570	570	570	570
❶支出	基本生活費	190	190	190	190	190	190
	レジャー費	15	15	15	15	15	15
	住居関連費	144	144	144	144	144	144
	車両費	35	25	35	25	35	25
	教育費	35	45	45	60	60	60
	保険料	40	40	40	40	40	40
	その他の支出	10	10	10	10	10	10
	一時的な支出						500 ❸
	支出合計(B)	469	469	479	484	494	984
❶	年間収支(A-B)	101	101	91	86	76	-414
	余剰資金	300	401	492	578	654	240 ❹

●収入や支出は、給与明細、銀行通帳、クレジットカードの明細などを用意して金額を書き込む。

●固定費の見直しなど、いろいろな対策を考えて何パターンも作成してみるのがおすすめ。表計算ソフトを使うと定期的な見直しがしやすい。

Column

ポイント投資で気軽に始めてみるのも手

▼100ポイントから始めることができる

ポイント投資とは、クレジットカードや買い物で貯まったポイントで投資すること。元手となる現金がなくても始めることができる投資方法です。使えるポイントやサービス内容は証券会社によって変わります。「1ポイント＝1円」として、ポイントで株や投資信託の購入ができ、分配金や配当金、売却代金は現金で受け取ります。

ポイント投資の最大のメリットは、元手0円で投資を始められること。買い物で貯まったポイントで投資するので、仮に損が出ても家計へのダメージがありません。まとまったポイントがなくても、100ポイント（100円）から気軽に始めることができる商品もあります。少ないポイントならリスクも抑えられるので、初めての人にもハードルが低く、損をしたくない人にもおすすめです。

▼貯めやすいポイントを投資にあてる

気軽に始められるポイント投資ですが、デメリットもあります。まず、一つ目は、投資対象が少ないこと。現金投資なら、株式、投資信託、ETFなど投資対象が幅広いですが、ポイント投資の対象は特定の株式や投資信託だけなので選択肢が少なくなります。二つ目は、投資するものによって手数料が高めのものもあり、リターンが小さいと手数料分の元が取れないことがあること。ポイント投資といえども、お金に換えることもできる大切なポイントをあてるわけです。「元本割れリスクがあること」は念頭に置いておきましょう。

ポイントは、店舗や企業にまたがって貯めることができます。なかでも主要なポイントといえるのが「PayPayポイント」「Pontaポイント」「楽天ポイント」「dポイント」。これらのポイントは利用できる店舗も多く、他のサービスと併用して使うことで還元率も高くなります。まずは、見かけたら貯めておく。その中で自分が貯めやすいポイントを、投資にあてるとよいでしょう。

Chapter

2

金融商品を選ぶための基礎知識

01 お金を「使いたい時期別」に分ける

▼投資スタート前にありがちな「決められない」病を克服するには

いざ投資を始めようとして調べていくと、「初心者にはこの投資信託がおすすめ」という類の記事、また逆に「こんな投資をしてはいけない」という専門家の声など、実にいろいろな情報が入ってきます。

「有名投資家のSNSを何人も追いかけている」

「『円安ドル高に強い中小株30』の記事が気になってその週刊誌を買ってしまった」

といった方は注意してください。自分にとってどのような金融商品がいいのかわからなくなり、決めることができなくなる方が大勢います。

情報が多すぎると思考が麻痺し、かえって選べなくなってしまうのは、行動経済学では「決定麻痺」といってありがちなことです。漫然と投資を始めようと思って調べ始めると、情報に踊らされる行動に陥ってしまうのです。

投資をこれからはじめようとする方は、経験不足ゆえ、余剰資金をどう振り分けていいのか決められないのは仕方がありません。

そういった方は、**ネット証券にまず口座を開き**（↓P278）、**1000円程度でいいので、投資信託を積立で購入**（↓P73、P160〜）**する**ことから始めてみてください。投資では損失を被ることもありますが、待てる期間を把握（↓P42）したり、他商品に切り替えたりできる程度の金額なら大失敗はしにくくなります。

実際、運用する商品は、リスクとリターン、積立・分散・長期投資の有効性などを本書で学んでから決めるべきですが、それでも悩むようなら、**バランス型投資信託**（↓P174）**から始めてみる**のがよいでしょう。運用結果を定期的にチェックしながら、積立金額を増やしたり、さらに利回りのよい商品への買い換えを考えるなど、投資の経験を積んでください。

投資経験を積めば積むほど、商品に期待すべきことがわかるようになります。資産運用計画（↓P38）の立案中「住宅購入の頭金を貯めたい。どのような貯め方（増やし方）がよいか」と考えられるようになるのです。このように、**「何のためにわ**

たしはこの金融商品を選んだのか」と主体的に考えられるようになると、必要な情報が見えてきます。そういう考え方ができるようになってはじめて、SNSや情報誌などの情報が役立つのです。

第2章では、主体的に金融商品を選べるようになる知識を解説していきます。

▼使いたい時期で三つに分ける

余剰資金の見積もりを立てるとき、ライフイベントの時期によって「すぐに使う」「しばらく守る」「じっくり増やす」の三つに分け、それぞれ必要な額を概算する、と説明しました。「すぐに使うお金」は日々の生活に使うお金、「しばらく守るお金」は数年後にやってくるイベントに備えるお金、「じっくり増やすお金」は貯めるのに時間がかかるお金のことです。

使うまで待てる期間ごとに、その資金をどのように保有しておくのがいいのかがはっきりします。「どのように」に応じて、それに合った金融商品を選ぶということです。

▼「使うお金」は流動性を優先する

「使うお金」とは、文字通り、すぐに使えるお金です。食事や日用品の購入費、水道光熱費、税金などの支払いに使うお金が「使うお金」に当たります。

「使うお金」は、「すぐに」現金化できることを最優先します。

現金化のしやすさ・しにくさは**流動性**という言葉で表現します。普通預金はATMなどですぐに現金化できます。普通預金のような商品は**流動性が高い**、といいます。

その点、投資信託を現金化するには普通預金よりも時間がかかります。証券会社で売却の手続きをすると、手数料や税金などが差し引かれて証券口座の残高に反映されるまで、4~7日かかります。そこでようやく所定の銀行口座などから引き出す手続きができます。このような商品は**流動性が低い**、といいます。

金融商品の中には、流動性が低いことで利殖性が高くなる（金利が高い、利回りが高い）商品もあります。対して、流動性の高い商品は利殖性が低い場合が多いといえます。「使うお金」は流動性が高い商品で保有しておくべきなので、利殖性はあまり見込めません。

▼「守るお金」は元本を崩さない安全性で貯める

「守るお金」は、すぐに使う予定はないけれど、数年以内に使うことが決まっている、または使う可能性があるお金です。結婚資金、住宅購入資金、（10年以内の）子どもの教育資金、車の買い替え費用などです。また、不慮の事態に備えた、生活を守るためのお金である「生活防衛資金」も「守るお金」です。

このようなお金は、守りたい、言い換えれば、お金が減らない金融商品に振り分けます。

投資したお金（元金、元本）が運用期間中ずっと減らない商品のことを**元本保証商品**といいます。預貯金などがその代表です。このように元本が保証されている商品を投資では「**安全性が高い**」といいます。ただし、元本保証商品は利率が低いため、利殖性が低いという特徴があります。

また、元金を、途中引き出すことなく、**定められた期間**（預入期間の満了＝**満期**）**まで預ければ、元本が確保される商品**のことを**元本確保商品**といいます。国が発行する国債などがその代表です。期間の途中で解約すると、解約手数料などがとられるため、元本を割り込む可能性がありますが、一般的に預貯金よりも利殖性が高いという特徴があります。

株式や投資信託といった金融商品は、その商品の価格が変動するため、当初の購入代金を下回ることがあります。これを**元本割れ**といいます。元本割れの可能性のある商品は、安全性は低いのですが、高い利殖性が期待されます。

「守るお金」は数年間保有するのですから、まったく増やさないのももったいない話です。安全性が高く、低いけれど利殖性も見込める定期預金や個人向け国債（↓P132）で持っておくことなどが考えられます。

ただし、現在の金利水準は低すぎて、必ずしも定期預金が有利とはいえません。「使うお金」と区分が重なりますが、利率の高いネット銀行の普通預金も「守るお金」

の預け先の候補になるでしょう。

なお、個人向け国債は「変動10年」「固定5年」「固定3年」と種類がありますが（→P132）、いずれも1年経過すると中途換金ができます。このとき、2回分の利子が差し引かれますが、1年経過でちょうど2回分の利子を受け取っているため、事実上元本は割れないしくみになっています。個人向け国債を検討する際は、1年は引き出さずに済むのか、チェックして始めましょう。

▼利殖性を見込む「増やすお金」を投資に振り分ける

10年以上使う予定がないお金が「増やすお金」です。大学費用などの10年以上先の子どもの教育資金、50代前半ごろまでの人にとってのセカンドライフの資金、などです。

お金を増やすことが期待できる性質を**利殖性**といいます。「増やすお金」は、待てる期間が長く、短期間では元本を割る時期があっても、長期で見れば利殖性が期待できる商品で保有することに向いています。

そうです。この「増やすお金」が積極的に投資で資産運用をしていきたいお金です。ここまでで、どれくらいのお金を、どんな目的で投資に使えるのかがわかってきたと思います。資産運用計画を作りながら、「いつまで、どのような形状で保管できるのか」目安を立てておきましょう。

もちろん、投資の額、形状、期間を決めるのに、この方法しかないわけではありません。たとえば5～10年の間に使うお金でも、短期間の投資を使って増やすことを目指すやり方も、投資が好きでしかたがない人には向いているかもしれません。しかし、冒頭でも述べたように、選択肢が多いとかえって人は行動しません。ましてや初心者なら、できるだけ選択肢を絞り込み、投資を始めやすくして、実際始めることが先決です。そうしないと、あっという間に1年や5年、10年は経ってしまいます。10年後も投資初心者のままでいいのですか？ それよりも、少しでも歩《あゆみ》を進めて、初心者を脱する。そして、いくぶんか投資を経験してから、選択肢を増やしてもまったく遅くはないのです。

▼これから貯めるお金を三つに振り分ける

「使う」「守る」「増やす」に分けるといっても、そんなにお金がないわ……という方も多いでしょう。

最低限度の生活防衛資金を貯めておくのは絶対ですが、「守る」「増やす」お金については、これから貯めるお金で作っていくのでOKです。これから貯めるお金も、「使う」「守る」「増やす」の三つに分けていってください。

たとえば、毎月3万円貯金する場合、1万5000円は「使うお金」として普通預金に、1万円は「守るお金」として積立定期に、5000円を「増やすお金」として積立投信に、それぞれ振り分けるといった感じです。このように、投資は積立（↓P73）で定期的にコツコツと続けることもできます。

▼金融商品の性質を知って使い分ける

さて、あらためて金融商品の三大性質、流動性、安全性、利殖性について見ていきましょう。

主な金融商品は、次のような性質があります（下の表参照）。3章で詳しくお伝えしますが、ここではそれぞれの性質をざっとつかんでおいてください。そしてこの性質を知ったうえで資産運用計画を立ててください。これを知らないまま、投資に向かうのは非常に危険です。

この表からわかるように、誰にとっても、どんなときでも「よい金融商品」というものはありません。

「元本も減らず、収益も高く得られて、必要なときに引き出せるのがベスト！」

それは誰もが願う商品なのですが、**流**

金融商品の性質

（高 ← ◎ ○ △ × → 低）

金融商品の種類	流動性	安全性	利殖性
①預貯金	◎	◎	×
②債券	△	○	○
③投資信託	△	中身により異なる	
④ETF	○	中身により異なる	
⑤株式	○	×	◎
⑥不動産	×	△	◎

動性、安全性、利殖性の三つをすべて兼ね備えた商品はありません。どのようにお金を運用していくかで、それに適した金融商品を選んでいくしかないのです。

たとえば、国内の預貯金はすぐに現金化できるので流動性は高く、安全性もあります。しかし、利息がほとんどつかないので利殖性はありません。

株式の場合、資産が増える可能性があるので利殖性は高いですが、元本割れになる恐れもあって安全性は低いです。売買も簡単で現金化しやすいので流動性もある程度あります。

このように、金融商品の種類によって、性質に違いがあります。金融商品によって得意な性質・不得手な性質を見極め、自分がどうお金を運用したいのかを考えながら金融商品を選ぶのが、お金を確実に増やすための鉄則です。

02 金融商品はリスクとリターンをセットで考えて選ぶ

▼リターン＝利益、リスク＝危険、だけではない

安全性や利殖性を検討するには、リスクとリターンの正しい知識が必要です。「株式は債券に比べてリスクが高い」というとき、株式は債券に比べて危険である、ととらえる方がほとんどでしょう。しかし、投資におけるリターンとリスクの言葉の意味はふだん使う言葉の意味とは違います。これを知らないと、金融商品の選び方で失敗しがちです。まずは投資でよく出てくるこれらの言葉の意味をきちんと覚えていきましょう。

リターンとは、**投資で得られる収益や損失のこと**です。プラスの結果（収益）もマイナスの結果（損失）も、どちらもリターンです。たとえば、株式投資で10万円

の利益が出たら「プラス10万円のリターン」、10万円の損失が出たら「マイナス10万円のリターン」というわけです。

株式投資のリターンがプラスになったり、マイナスになったりするのは、株式の価格が変化するためです（↓P139）。**この価格が増えたり減ったりする振れ幅の大きさ（変動幅）**＊を投資では**リスク**といいます。ふだん使われる意味のように「リスク＝危険や損失」だけではありません。

したがって、「株式は債券に比べてリスクが高い」と聞いたとき、

「株式のほうが債券よりも損する危険が大きいんだな」

程度のとらえ方は一面的すぎです。

「株式のほうが債券に比べて変動幅が大きい」という意味にとらえるべきなのです。

▼リスクのとらえ方を変えると商品の選び方が変わる

リスクを変動幅ととらえると、商品の選び方が変わります。

「危険」ととらえてしまうと、「損をしたくない」「持っていると不安」といったよ

＊変動幅のことをボラティリティということもある。

うに損失のほうに考えが向きがちになりますが、**「変動幅」ととらえると、収益と損失両方のことを考えられる**からです。

変動幅が大きい商品、つまり、リスクが高い商品は、価格が大きく下がって損をする可能性もありますが、価格が大きく上がって大きな利益を生む可能性もあります。こういった商品は、**ハイリスク・ハイリターン**である、と言われます。

変動幅が小さい商品、つまり、リスクが低い商品は、価格がさほど下がらずに損をする可能性は小さいのですが、価格の上がり方も小さく、得られる収益も小さくなりがちです。**これをローリスク・ローリターン**であるといいます。

高い収益が期待できて（ハイリターン）、変動幅が小さい（ローリスク）な商品というものはありません。ウェブには、「○人限定！　平均利回り10％の新ファンド」といった高いリターンをうたう怪しい広告が氾濫していますが、そういった商品は単に変動幅が大きいというだけです。このように**リスクとリターンはセットだと考えるべき**です。

▼人は損失を回避したい心理が強く働く

たとえば、生活防衛資金をどういった商品で運用すべきかを考えてみましょう。ある程度まとまった資金ができると「少しくらい損をしてもいいから大きく増やしたい」という意識が働いてハイリスク・ハイリターンの商品で運用をしてしまう人がいます。

しかし、少しくらいの損で投資を中断できる人はそうそういません。**損失を出している商品を手放すこと**を**損切り**といいます。投資では損切りをすべきシーンもありますが、それがなかなかできないのです。

損切りができない理由、それは行動経済学の理論の一つ、「損失回避性」で説明できます。「損失回避性」とは、損失を被ったときの悲しみが大きいため、損失を回避しようとする人間の心理性向のことをいいます。

損失が出たとき、あなたは次のAとB、どう考えると思いますか。

A：「損失が出ているから、投資をいったん中断しよう」
B：「損失が出ているけれども、しばらくしたら利益が出るかもしれないから、投資を継続しよう」

この場合、大多数はBのように考えてしまうのです。「○円の損失が発生したら、損切りをしよう」と心に決めていても、どうしてもそういう行動をとれないのです。「自分はそういう行動をとらない」と決めていても、いざそういう場面に遭遇すると、なかなか決心がつかない。これは覚えておきましょう。

▼資金ごとに振れ幅をどの程度受け入れられるかを考えるのが大切

損切りの例をはじめとして、意外と人は合理的な行動がとれません。

したがって、生活防衛資金のような生活を守るお金を投資商品に回してはいけません。使う予定のあるお金が増減してしまうと、冷静になれず、不利な選択をしてしまう可能性が高まるからです。

生活防衛資金が貯まったら、次のように考えるべきです。

生活防衛資金は、できればインフレでも目減りしないよう増やせるのが理想ですが、大きく減ることも避けたい資金です。また、いざというときにはすぐ使う必要があるため、緊急性が高い資金でもあります。

こう考えれば、ハイリスク・ハイリターンの振れ幅の大きな商品との相性はよくないことはわかるでしょう。また、生活防衛資金を上回る資金（余剰資金）については緊急性が低いため、ローリスク・ローリターンの商品でも長期間保有すれば、小さな収益を重ねて安全に運用できることもわかるはずです。

投資では、どれだけ増えるかにだけに考えを向けていてはいけません。**その資金ごとにどこまで減ってもOKか（どの変動幅ならOKか）を考えたうえで選ぶべき**なのです。

03 もう一つの「リスク」種類と特徴を知る

▼価格の変動幅を引き起こすさまざまな「リスク」の種類

投資の商品選びでは、リスクを価格の変動幅ととらえようと述べましたが、それだけではまだ不十分です。投資でいう「リスク」には、もう一つの意味があります。それは、**「価格の変動幅を引き起こすさまざまな要因」**というものです。

価格の変動幅が生じるには、さまざまな要因がからんでいます。つまり、価格の変動幅だけではなく、その変動幅を引き起こす要因までをつかむことが、「リスクを知る」ことなのです。

たとえば、外国の株式や債券に投資をするときは、為替の動きによって価格が変動するかもしれないということを、念頭に置きます。

株価が100ドルの銘柄の外国株式を1ドル＝120円のときに購入すると、1

株1２０００円相当で買ったことになります。株価はそのまま変わらなかったとしても、1ドル＝1００円の円高になると、その銘柄は1株1００００円相当となり、売却すると1株あたり２０００円の損失になります（手数料を仮に０とした場合）。反対に、1ドル＝15０円の円安になると、1株15０００円相当となり、売却すると1株あたり３０００円の利益が出ます。

このように、為替レートの変動が要因となって、価格が上下に振れる可能性があるのです。このとき、要因となる**為替レートの変動**を**為替リスク**といいます。

▼リスク要因の性質や関係性を知って投資に活かす

リスク要因としての「○○リスク」は他にもあります。

上場したばかりで財務状況がまだ安定していないベンチャー企業は、経営不振などから元本や利息の支払いを滞らせたり停止させたりするかもしれず、いまいち信用が定まりません。このような企業の株を買うのは大きな**信用リスク**がともないます。経営基盤の弱さで損失が出る恐れもあります。半面、経営が軌道に乗れば株価が大きくはね上がって大きな利益を得られる可能性を秘めています。

投資先が途上国にあって政治や経済情勢に不安定要素があるときは、**カントリーリスク**が大きい、といわれます。政治や経済が混乱して商品価格が下落するおそれもあれば、急成長を遂げて価格が上がる可能性もあるのです。

このようなリスクがあると、資産運用を始めることに不安を覚えるかもしれません。しかし、リスクには必ず適切な付き合い方があります。

たとえば、**流動性リスク**は、売買が極端に少なくなるために取引が成立しないこと。売りたいときに売れない、換金したいときに換金できないといった可能性を指します。このリスクと付き合うには、株式では出来高（取引数量）の多い銘柄を選んで取引を行うことです。不動産など流動性リスクの高い商品を保有するときは、すぐに現金化できる預貯金をある程度持っておくことで、すぐに現金が必要になるときの対策になります。

その預貯金は、物価が上昇することで現金の相対価値が下がる**インフレリスク**が高くなります。そこで、物価が上がるにしたがって価格も上がっていく性質を持つ株式や不動産を同時に保有して、インフレリスクに備えておくのが効果的です。

このようにリスク要因の種類とその性質、軽減方法を事前に理解しておくことは、投資を行ううえで非常に大切です。投資はトライ&エラーで成功を積み重ねてお金を増やしていく行為です。できるだけ堅実なトライをし、エラーを少なくするには、リスク管理が大切なのです。

リスクの種類

リスク ▶ **価格の変動幅**
価格の変動幅を引き起こすさまざまな要因

リスク	内容
為替リスク	為替の動きによって商品の価格が変動するリスク。外国の株式や債券に投資するときにともなう。
インフレリスク	インフレが進むことで相対的に商品の価値が下がるリスク。
信用リスク	商品を発行する国や企業が、経営不振、財政難などで債務不履行が起こるリスク。
カントリーリスク	投資対象の属する国の政治や経済が不安定で、商品の価格が変動するリスク。
流動性リスク	売買が極度に少なくなることで、売買したいときにできなくなるリスク。

04 アセットクラスでリスクを分散する

▼リスクを分散させる原則とは？

これまで見てきたように、金融商品はいくつかのリスクを持っています。投資をするときは、どこまでリスクを許容できるか、そしてどのようにリスクを抑えるかを一緒に考えることが重要です。

「お金を早く大きく増やしたいために、余剰資金全額を一つの株式銘柄に投入した」こういった行為は、リスクを抑えるという発想が欠けています。

リスクを抑えるには、一つのリスクに偏った商品の買い方をせずに、あるリスクに対して相関のない、または反対の動きをする商品を複数持つのが原則です。「商品を分けることでリスクを分散させる」という意味で、**分散投資**と呼ばれます。

金融商品をアイスクリームとおでんに置き換えてみましょう。アイスクリームの価格とおでんの価格には相関はなく、気温の変動に対して反対の動きをする商品です。暑くなると、アイスクリームがよく売れるようになり、おでんは売れなくなります。寒くなるとアイスクリームは売れなくなり、代わりにおでんがよく売れます。

あなたがお店の経営者で、アイスクリームだけを置いていたら、暑いときは売上が大きくなりますが、寒くなると売上が落ち込みます。そこで、暑いときは売上が落ち込み、寒くなると売上が上がるおでんを一緒に置くと、1年を通してお店の売上は安定するようになります。

「暑い時期にはアイスクリームだけを仕入れて、寒い時期にはおでんだけを仕入れれば収益効率が上がるのでは？」と思うかもしれませんが、実際には複数の要素が絡むため「未来は読めない」と考えるのが適当です。

金融商品で考えると、たとえば、日本の株式だけを保有していると、国内株式市場の相場が下落したときに、資産の価値が下がってしまう危険性が大きくなります。

このとき、国内株式市場の動向とは反対あるいは別の動きをする外国の株式を保有していれば、二つの株式の動きが相殺されて、資産の目減りを抑えられるかもしれません。これが分散投資に期待することです。

▼リスクの性質が似たものでまず分類

リスクの性質が似たものはざっくりとグループ分けできます。これらのグループを**アセットクラス**といいます。

アセットクラスは、株式と債券をそれぞれ国内、先進国、新興国に分けた六つが代表的です。そのほかに金や小麦などの「コモディティ（商品）」、REIT《リート》（不動産投資信託）に代表される「不動産」などのアセットクラスもあります。

国や地域別の特徴でアセットクラスを見ると、国内は、他のアセットクラスと違って為替の変動の影響を受けないというメリットがあります。しかし、国内の経済成長は海外の先進国と比べて緩く、大きな経済成長、つまりリターンは低めとみられています。

代表的なアセットクラス

小さい ←リスク→ 大きい

リスク（上：小さい ↑ 下：大きい ↓）	国内	先進国	新興国
債券	国内債券	先進国債券	新興国債券
株式	国内株式	先進国株式	新興国株式

分散投資にはアセットクラスごとのリスクを知ることが第一歩。
具体的な商品の選び方（絞り込み）はP72を参照。

先進国の株式や債券は、経済が安定しているため大きな破綻は考えにくいのがメリット。ただ、為替リスクはあるため、円で考えるとそれなりに値が動きます。新興国は、これからの成長が期待され、リターンは大きいものの、政治や経済が不安定なカントリーリスクが大きく、価格の変動が激しいと分類されます。

株式と債券の別でアセットクラスを見ると、株式はハイリスク・ハイリターンの傾向があります（→P136）。債券は、安定していて、ローリスク・ローリターンの傾向が強いです（→P126）。

このような傾向を把握してから、為替による値動きやある程度価格変動があるものをあえて選ぶか、不動産など有価証券以外の要素を加えるか、など、自分の意向やライフスタイルなどに応じて資産構成を考えます。

冒頭で述べたように、**投資でリスク分散するには、相関が低く、リスクの異なるアセットクラスを選んで、どのアセットクラスにどのくらいの割合で投資をするのか**が重要になってきます。この割合のことを**アセットアロケーション**といいます。

▼分散投資の手順

アセットアロケーションを決めるとき、国内株式30％、外国株式30％、国内債券40％などと初めにアセットクラスの配分から決めてはいけません。配分は、結果に過ぎません。

次の手順で投資する商品を決めていきます。

①運用期間を決める。

②自分が期待する利殖性と許容できるリスクレベルを確認する。

③アセットクラスごとのリスクを把握する。

④②③を考慮して、アセットクラスの組み合わせと配分を決める。

④のポイントとしては、自分が許容できるリスクレベル（価格の変動幅の水準）を満たすようにアセットクラスの組み合わせと配分を決めることです。その際、相関の低い商品や、反対の動きをする商品を合わせて意識するとよいでしょう。

05

金額のリスクを分散する積立購入 スポットとの使い分けは

▼定期・定額・継続の積立購入のやり方

アセットクラスによる分散投資を述べてきましたが、**タイミングの分散でリスクを抑える**方法も知っておきましょう。**定期的に、金融商品を継続して購入していく積立購入という手法**です。

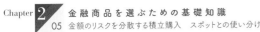

「定期的に継続して購入する」積立購入が、金額の分散でリスクを抑える効果があるのはなぜなのかを説明しましょう。

たとえば、ある金融商品Aを毎月1万円買い続けるとします。ある月はその金融商品Aの価格が5000円で2口、次の月は2500円で4口買えました。この2か月で見ると、1か月に平均3口、1口あたり約3300円で買っていることになります。これが積立購入のやり方です。

▼合理的に見えるスポット購入が難しい理由

自分で購入時期を決めて買う方法をスポット購入といいます。

「安く買い高く売ってもうけるためなら、5000円の月を避けて、スポット購入で2500円の月を選んでまとめて2万円8口分買ったほうが、投資としては成功なのでは?」と考えがちですが、そんなにうまくはいきません。

2500円になる時期がいつ来るかは、誰にもわかりません。それに、コント

積立購入のしかた

毎月、金融商品Aを毎月1万円買うと決めると……

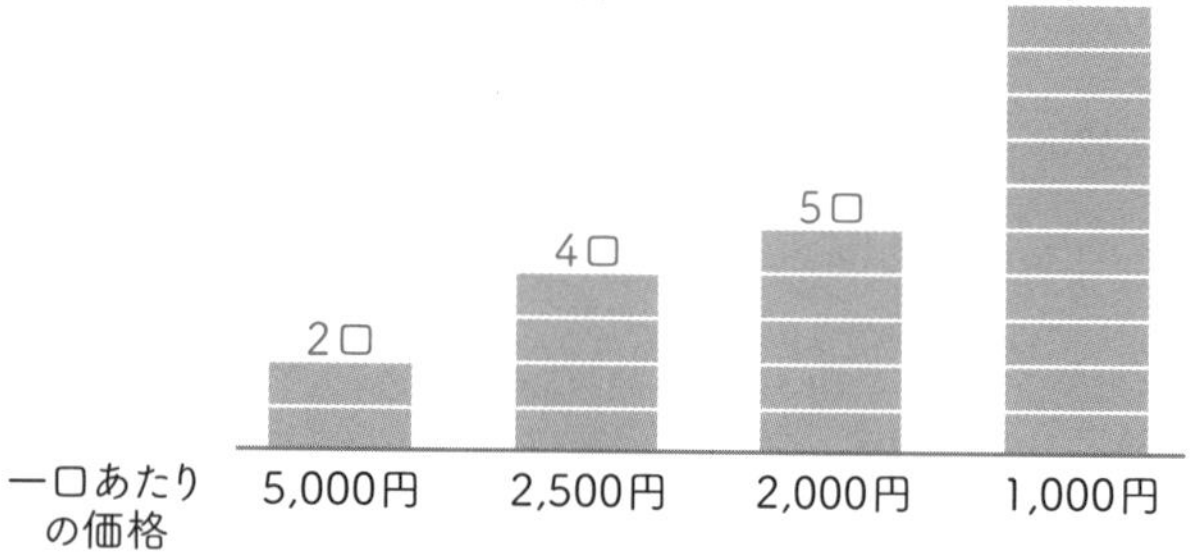

4か月4万円で21口購入。1か月に一口平均1,904円で買ったことになる。高くもなく安くもない金額に落ち着くことになる。

ロールできそうでいて難しいのが自分の行動です。値段が下がっているときに買って、値段が上がったときに売ればもうかると、頭ではわかってはいます。でもいざとなると、値段が下がっている商品を買うのは「まだ下がり続けるのでは」と不安になるし、値段が上がっていると「もっと上がる」と思って買い足しをしたくなります。

安い時期を狙って買うために、こまめに値動きをチェックする必要もあります。チャンスだと思えば、購入操作をしなければなりません。

実際に投資商品を運用していくと、商品の価格チェックや操作をまめに行うのがいかに難しいかに気づくはずです。投資で生活の糧を稼いでいる専業投資家は投資額の桁が違うし、投資に向き合う時間も当然違います。経験を長期間重ねることでそういったまめなチェックと売買ができるようになるのです。専業投資家の投資法、生活ぶりをみて、自分にもできるのでは？　と考えているのなら、「いずれはその域に達する可能性がある。しかし、そのためには多大な努力と資金と時間が必要だ」と考えるべきです。

▼続けやすい積立サービスを検討しよう

定期的に一定額を継続購入する積立なら、価格が低いときも高いときも買い続けることで、購入価格を平均的な金額に落ち着かせることができます。この手法を**ドル・コスト平均法**と呼びます。

「毎月1万円分買う」などと決めて購入を続けるだけで、リスク（価格の変動幅）を低くすることができるのです。経験や知識、判断力も必要なければ、よけいな感情に邪魔されることもありません。大失敗の確率も下げられます。都度考えて決めなければならないとか、手間もいりません。

仕事や日常生活に支障をきたすことなく資産形成を目指せるという点で、投資の初心者には始めやすく、続けやすいのが積立購入なのです。

証券会社や銀行からは、積立購入のさまざまなサービスが出ています。自動で積み立てるサービスがあるところも多いです。クレジットカードを使っての積立、各種カードのポイント（→P43コラム）を使った積立、毎月100円から積み立てていくサービスなどもあります。自分の生活スタイルや投資手法に合いそうな積立サービスを検討するとよいでしょう。

▼積立購入が損を生むことも　こんなときはスポット購入を活用

リスクが小さいといわれる積立購入でも、損が広がることがあります。それは、商品の評価額が下がり続けている場合です。こうなると、「1万円で、2年前は2500円で4口買ったけど、今は1000円で10口買える」と喜んでいる場合ではありません。今後も上昇する見込みがなければ、売却益は期待できません。あせって売却する「狼狽売り」は避けなければいけませんが、落ち着いて購入の停止や買い替えなども検討していきましょう。

積立購入は、ともすると、自動で継続する設定をした後は放っておいてしまいがち。3か月や1年に1回程度は商品の価格の推移をチェックして、必要ならば投資方針を再考すべきです。

また、退職金や相続したお金など、まとまったお金を投資に回せる場合も、長期の積立購入は向いていません。定期的な積立額よりも圧倒的に多い金額が、資産運用の機会を奪われたままになるからです。たとえば、1000万円を投資に回せるのに、毎月20万円積み立てをして1000万円余りを長い間、低金利で銀行に預金したままにしておくのは、毎年積み立てる額の何倍もの複利的な効果（↓P90）を台無しにしています。

積立購入は、投資の初心者で、定期的に生活費などから捻出する資金で、ある程度時間をかけて、よけいな手間や感情を入れることなく、投資をするという人には最適な手法です。 しかし、どんなときも、誰にとっても最適な手法ではありません。

ある程度投資に慣れてきたり、まとまった資金が入って多少のリスクを承知で短期間に大きな利益を上げたいという場合には、スポット購入も活用するといいでしょう。一度に全額を投入するのではなく、1～2割投資してみて、もっと価格が下がったときに残りを投資するというように、分けて投資していくのがおすすめです。

06 キャピタルゲインとインカムゲインはトータルで成果を見る

▼コツコツ型のインカムゲイン、一発型のキャピタルゲイン

投資で得られる利益には、大きく分けて、**キャピタルゲイン**と**インカムゲイン**の二つがあります。

キャピタルゲインは、**保有する株式、投資信託、不動産などを購入価格より値上がりしてから売却することで得られる収益**のことです。**売却益**とも言われます。なお、値下がり後に売却して発生する損失のことを**キャピタルロス（売却損）**といいます。

インカムゲインは、**株式の優待や配当金、投資信託の分配金、不動産の家賃収入など、金融資産を保有することによって、継続して受け取る収益**のことです。キャピタルロスがあるのだから「インカムロス」もありそうに思いますが、保有してい

る間に減額や一時的な無配当、無収入はあっても、現金が出ていくことはないので、「インカムロス」というのはありません。

キャピタルゲインは売却したとき一度だけの収益。一方のインカムゲインは、投資資産を保有している間は継続的に収益を得られます。印象としては、キャピタルゲインはドカンと一発型、インカムゲインは少額をコツコツ型といえます。

キャピタルゲインは、1回の収益額が大きくなることがあり、魅力的に映ります。投資サイトやマネー誌の記事

キャピタルゲインとインカムゲインの収益

キャピタルゲイン	インカムゲイン
・株式の売却益	・株式の優待や配当金
・投資信託の売却益	・投資信託の分配金
・不動産の売却益	・不動産の家賃収入
・コモディティの売却益	・債券の利息
売却したとき、一度きりの収益。1回の収益額が大きい傾向がある。	保有している間、継続的に得られる収益。

の多くも値上がり期待の商品になっています。

ただ、キャピタルゲインを「短期」で得ようとすると、過剰なリスクをとる判断につながりがちです。「長期」で育てて大きな果実を受け取る感覚で付き合えるとよいでしょう。

▼トータルで損をしないことが大切

キャピタルゲイン、インカムゲインの全体で得られる収益をトータルリターンといいます。**長い目で見て、トータルリターンで損をしないことがとても大切です。**

配当金や分配金といったインカムゲインはとても魅力的な存在です。しかし、前述の通り、インカムゲインに比べてキャピタルゲインやキャピタルロスは金額が大きくなることが多いです。インカムゲインで利益が出ても、大きなキャピタルロスで損をすることがないように気をつけましょう。

ある株式の銘柄を購入して、20年保有した後、売却した場合のトータルリターンを計算した例をP82にあげています。

トータルリターンをマイナスにしないためには、定期的な商品の価格チェックは当然のこと、損失が小さいうちに損切り（↓P60）**することが必要な場合もあります。**

ただ、含み損を出している場面では「損を確定させたくない」「また反転して値上がりするかもしれない」という心理が働いてしまうため、なかなか損切りに踏み出せません。投資初心者のうちは、株式投資だったら「購入時より30％評価額が下がったら売却する」などとルールを決めておくことも、一つの方法です。

トータルリターンがプラスになる場合・マイナスになる場合

Ⓐと**Ⓑ**は同じ期間（20年間）、商品を保有していてインカムゲインも同じ100万円だったが、キャピタルゲインの違いによってトータルリターンが異なることに。

Ⓐトータルリターンがプラスになる場合

20年の間に商品の価格が変わらず、売却益（キャピタルゲイン）は得られなかった。

トータルリターン＝ 100万円（インカムゲイン） ＋ 0万円（キャピタルゲイン） ＝100万円

Ⓑトータルリターンがマイナスになる場合

20年の間に商品の価格が大きく下がって、売却時に200万円の売却損（キャピタルロス）が発生した。

トータルリターン＝100万円（インカムゲイン）＋▲200万円（キャピタルロス）＝▲100万円

07

投資のリスクを金額でコントロールする

▼リスクをとらないではダメ、リスクに備えるという考えが必要

ここまでリスクについてかなりしつこく解説をしてきました。

もしかしたら、自分のコントロールできないものにお金を預けるようで、不安な気持ちが強くなったかもしれません。しかし、投資には増える楽しみとともに、多少の不安がつきまといます。逆にいえば、不安がつきまとわないのは、安全性の高い商品にお金を偏らせているからかもしれません。額面は守られるものの物価上昇には対抗できていない可能性もあります。気が付いていないだけで、リスクを抱えているともいえます。

世界各国を対象にしたある調査*では、日本人は「自分は冒険やリスクを求める」のカテゴリーに自分が当てはまらないと思っている人の割合が世界で一番高い（70

＊電通グループが行っている世界の100以上の国・地域を対象にした「世界価値観調査」（2015）。

％強）という結果が出ています。また、日本人の1世帯（2人以上）あたりの平均貯蓄額は約1800万円と他国に比べて突出しています。日本人は貯蓄性向が高いとよくいわれますが、これは「消費よりも貯蓄を優先」「投資よりも安全商品優先」という行動ゆえです。日本人はリスクに対して大きな抵抗感を潜在的に持っているのかもしれません。

投資では「リスクをとらない」という考えではなく「リスクに備える」という考えが重要です。

▼投資金額は自分でコントロールできる

そうは言っても、「株価や為替、社会の動きを個人がコントロールできないのだから、どの程度備えたらいいのかがわからない」という方がほとんどでしょう。

でも、重要でいて、自分がコントロールできることが一つだけあります。それは、「いくらまで投資をするのか」ということ。つまり、**価格変動はコントロールでき**

なくても、投資する金額を調整することはできます。

投資した商品の価格が下落したとき、損を含んでも許せる金額、言い方を変えると、損を含んでも心穏やかでいられる金額は、自分で決めることができるのです。通常の取引では、自分が投資した以上の金額を超えて損を含むことはありません。そして損が確定するのは耐えられずに売却したときです。

今では、株式であれば5万円くらいから、投資信託であれば100円単位や買い物などで貯まった各種カードのポイントで、取引ができるようになっています。金融商品の購買単位は、昔に比べてずいぶん小さくなりました。

100円でも1000円でもかまいません。自分が心穏やかでいられる金額で、いくつかの商品を買ってみてください。それを続けていくと、投資がどういうものかわかっていくでしょう。納得できる金額でのスタートから始めて、ゆっくりと投資に慣れていけばいいのです。

▼投資初心者がやってはいけない投資

注意したいのは、投資にちょっと慣れてきた頃。よけいなバイアス（思考や行動の偏り）がかかり、合理的ではない行動をとりやすいのです。たとえば、次のような行動です。

買ってみた銘柄が運よく値上がりし、「この銘柄はまだ値上がりする」と思い込んで、生活防衛資金をつぎ込んでまで買い増しした後に、値下がりして落胆……。

気が大きくなって、心穏やかでいられる金額を超えて買ったハイリスクの商品が値下がりを続け、不安になって損をするタイミングで売ってしまった……。

こういう投資の失敗は誰にでも起こりえます。

「自分は損切りできる」「自分は投資にお金を偏らせることはない」と考えている人ほど注意してください。こういうときこそ、**「生活防衛資金に手をつけない」「投**

資は余剰資金で行う」といった投資の原則を強く意識してください。

そのほか、投資額以上に投資をしたことになるレバレッジ取引（↓P211）や、現金や株式を担保にしてお金を借りて投資をする形式の信用取引（↓P156）などには、投資初心者は手を出してはいけません。損をしたときの損害が、自分が投じた額以上になる恐れがあるからです。

この種の投資は、知識と経験を積み、損害を出しても大丈夫なくらいの資金ができてから検討するようにしてください。

投資金額の決め方

心穏やかでいられる金額以上のお金を投資に回すと下がったときのダメージが大きい。

最初のうちは投資に慣れるつもりで少額から。投資に慣れてきても、投資金額ではこれを守る！

- 生活防衛資金には手をつけない。
- 余剰資金で投資を行う。
- 資産運用計画を定期的にチェックする。

08

商品選びでは複利も重視

▼利回りの意味に注意　単利か複利の確認も

株式や投資信託などの金融商品を検討するときに、目にするのが**利回り**です。**1年あたり、投資金額に対してどれくらいの割合（%）の収益が期待されるのかを示したもの**です。**年利**ともいいます。主に配当金や過去の成績の参考として紹介されています。

ここで注意しておきたいのが、利回りはあくまで目安であるということ。過去の運用実績などから算出した数字であり、今後も保証されたものではありません。

預貯金の利回りにあたる利率や、債券の利息などは、貸しているお金に対する手数料なので約束されています。しかし、株式や投資信託でいう「利回り」は、意味が違うということですね。

また利回りの数字が高いほど、リスクも高いことが多いのです（↓P59～）。

そして、注意したいことがもう一つ。**利回りは単利なのか、複利なのか。つまり、検討している金融商品は、単利運用なのか複利運用なのか、あるいは、どういう前提で算出されている数字なのか、ということです。**

金融商品を検討するときに、利回りの数字は気になっても、単利か複利かを区別しないこと、混同してしまうことはよくあります。そもそも、利息の付き方に単利と複利があることさえ知らない人も多いかもしれません。これでは、商品をフェアに比較できません。だって、単利と複利のお金の増え方はまるで違うのですから。

結論からいうと、同じ利率なら複利のほうが断然増えます。

▼長く運用するほど複利効果が高まる

ここで、単利と複利の違いを見ていきましょう。

単利は、預け入れた元本にのみ、利息がつく計算方法です。利息などの収益を再投資しません。

たとえば、元本100万円を年利3％で運用すると、1年目で利息3万円になります（利息＝100万円×0・03＝3万円）。2年目も3万円、3年目も3万円の利息がつき、5年間の利息と元本とを合わせて計115万円になります。20年間では利息が計60万円となり（3万円×20年＝60万円）、元本100万円と合わせて総計160万円になります。

対して、**複利は、預け入れた元本で得た利益に対しても、利息を計算していく方法です。利益を元本に加えて、その合算額を新たな元金として利息を計算していくのです。**

年利3％の商品を複利で運用すると、1年目で利息3万円になるのは単利の場合と同じです。その利息3万円を再投資するので、2年目は元金が（100＋3）万円となり、利息は3万900円になります。その後も毎年同じように元本が増えていき、5年目には利息と元本の総計が約115万9000円、20年目には総計約180万6000円となります。

同じ年利3％の商品を同じく100万円買ったのに、複利運用のほうが5年目で約9000円多くなり、20年目には単利運用に20万円余りの差をつけます。これが**複利効果**です。

複利効果のメリット

◉100万円を年利3％で運用した場合の単利と複利の利益の差

	単利	複利	利益の差
（元金）	¥1,000,000	¥1,000,000	¥0
1年	¥1,030,000	¥1,030,000	¥0
5年	¥1,150,000	¥1,159,274	¥9,274
10年	¥1,300,000	¥1,343,916	¥43,916
15年	¥1,450,000	¥1,557,967	¥107,967
20年	¥1,600,000	¥1,806,111	¥206,111
25年	¥1,750,000	¥2,093,778	¥343,778
30年	¥1,900,000	¥2,427,262	¥527,262

保有期間が長くなるほど、複利では雪だるま式に利益がふくらみ、
単利で運用した場合との差が大きくなる。

◉異なる額で同じ年利（年3％）と同じ期間で複利で運用した場合の利益の差

（元金）	¥1,000,000	¥2,000,000	¥3,000,000
1年	¥1,030,000	¥2,060,000	¥3,090,000
5年	¥1,159,274	¥2,318,548	¥3,477,822
10年	¥1,343,916	¥2,687,833	¥4,031,749
15年	¥1,557,967	¥3,115,935	¥4,673,902
20年	¥1,806,111	¥3,612,222	¥5,418,334
25年	¥2,093,778	¥4,187,556	¥6,281,334
30年	¥2,427,262	¥4,854,525	¥7,281,787

元本が高額になるほど複利の恩恵が大きくなる。

さらに30年目になると、複利では資産総額が1年目の元本の約2・4倍にふくれ上がっています。単利では、1・9倍にすぎません。

このように複利で長期的に運用するほど、複利効果で資産は雪だるま式に増加し、単利運用との差が広がっていきます。

また、預ける金額が大きいほど、短期間で大きな複利効果があります（↓P91下表）。

▼知らずに単利運用の商品を選択していないか

逆の見方をすれば、単利で長期投資を続けるのは、とてももったいないことなのです。しかし、それとは知らないまま単利的な運用になる金融商品に投資している方が少なくありません。

たとえば、月や年ごとに配当金が出る分配型投資信託（↓P167）は、収益や元本を取り崩した資金が分配金や特別分配金として支払われています。収益は再投資されず、それどころか、元本割れで運用されていることもあるのです。

手元に定期的にお金が入ってくるのでお得だと錯覚してしまいますが、よく考えると長期の複利的な効果をみすみす見逃しているということです。おまけに配当金からはその都度税金が差し引かれています。運用がマイナスになっているときの特別分配金は、元本すら切り崩して支払われていたりします。

このような理由から、くれぐれも分配型投資信託には手を出さないでください。

国債や社債などの債券も、満期日までに利子が支払われる、代表的な単利運用の商品です。安全性が比較的高いのが債券の強みで、一概に「手を出すな」とはいいませんが、単利運用であることは知っておいてください。

ちなみに、株式や投資信託の運用では、毎年必ず利益が出るとは限りません。そのため、厳密には複利運用とはいえず、「複利的な効果」が期待されると考えるのが適当でしょう。

Column

前提条件をそろえないと年率はアテにならない

▼貯蓄型保険の実際の年率は？

「保険で貯蓄を行うことは合理的ではない」とよくいわれます。

これは、保険という商品である限り、どうしても保険料の一部は「保障」というサービスを得るために使われ、すべてが運用に回らないことが理由として挙げられます。提供される「保障」が自分の求めているものであれば、もちろん選択肢になりますが、保険料のすべてが貯蓄に回らないという点は理解をして検討する必要があります。

保険で運用を兼ねる利点は一つあります。**あらかじめ運用成績が一定程度約束されるという点**です。自分で株式や投資信託を運用する場合の成績は未知数ですが、ある程度算段がつくというのは保険で運用を行うメリットといえるでしょう。

ただし、保険で貯蓄を兼ねた場合の数字の見方は理解をしておく必要があります。

たとえば、保険の提案を受けている時によく出てくる**予定利率**という言葉。この利率は、預貯金などの利率とは意味が違います。

予定利率は受け取った保険料をこの利率で運用しますという約束です。しかし、前述の通り、保険料からは保障を提供する費用や、商品を維持するコストなどが差し引かれるため、保険料、予定利率、加入期間で最終的な受け取り額が決定するわけではありません。仮に「予定利率0・5%で運用される商品です」と説明を受けても「年利0・5%が付く積み立て定期と同等に増える」と思ってはいけないわけです。

預貯金などと比較したいのであれば、返礼率を参考に年率換算するのが適当でしょう。毎月9000円支払って、18年後に200万円が受け取れる学資保険があったとします。18年間で支払う保険料の総額は194万4000円（月9000円×12か月×18年間）で、200万円が受け取れるため、払った金額より多く手元に戻ります。返礼率102・8%（200万円÷194万4000円）などと表記されます。

この商品を複利計算が行われる毎月9000円の積立貯蓄を行う商品に置き換えると、年率換算は約0・31%になります（後ほどご紹介する金融電卓や試算サイトで計算できます）。増え方だけに注目すると、年利０・３１％の銀行預金と同程度と捉えるのが適切です。一般的に学資保険は、契約者である親に万が一のことがあった場合、保険料が免除になるなどの「保障」の機能も備えています。年率０・３１％相当で増やせるうえに保障が得られるのであれば、各家庭の経済状況や投資が得意かどうかによっては選択肢になることもあるかもしれません。

保険商品による貯蓄は予定していた期間の途中でやめてしまうと、返礼率が著しく下がる場合もあります。その保険料が予定の期間、無理なく支払い続けられるかも充分考慮しながら、保険以外の資産形成とも比較して考えるのがよいでしょう。

このように年率、利率、年利などの数字は前提条件をそろえて比較をする必要があります。前提をそろえて比較をして、その他の付加価値について自分がどれほど価値を感じるかで検討していきます。

積立定期などの複利計算については、家電量販店などで購入できる金融電卓や、各種試算サイト（たとえば、カシオ計算機株式会社などが提供：https://keisan.casio.jp/）などを使ってシミュレーションすることができます。

▼ローン返済の「残債《ざんさい》方式」と「アドオン方式」

金利や利率の前提条件をそろえて比較するべき例としてもう一つ挙げられるのが、ローンや借り入れなどの計算です。

住宅ローンの金利は借りた元本に対してかかります。

たとえば、3000万円の住宅ローンを年利1％で借りた場合、1年間で支払う利息は30万円（3000万円×1％）です。1か月に直すと2万5000円（年30万円÷12か月）の利息を払います。一方で月々の返済では利息だけでなく元金も返済します。

一般的な住宅ローンの返済方式である元金均等返済の35年とした場合、先ほどの3000万円、金利1％の、月々の返済額は8万4685円。このうち、最初の返済月については利息2万5000円を支払うため、返済できる元金は5万9685円（月々の返済額8万4685円－利息2万5000円）です。

2か月目の支払いについては、残った元金2994万315円（元々の借入額3000万円－1か月目の元金返済額5万9685円）に対して利息がかかるため、年間利息は29万9403円（2994万315円×1％）、月に直すと2万4950円になります。

そのため、2か月目も同じように8万4685円を支払いますが、内訳は利息2万4950円、元金5万9735円となります。3か月目以降も同様に、減った元金に対して利息が計算されます。

元金均等返済の場合、毎月の返済額は同じですが、返済当初は利息の割合が高く、返済が進むにつれ、元金の割合が高くなっていきます。

こうした**減っていく残債を考慮して利息の金額を計算する方法**を**残債方式**と呼び、通常、リボルビング払い（リボ払い）なども同様に計算されています。

残債方式に対して**アドオン方式**という計算方法もあります。**アドオン方式では、元本が減っていくことを加味せず利息を計算します。**

たとえば、100万円を年利1％、5年返済で借りる場合、返済による元本の減りは考えず、100万円×1％×5年間＝5万円としてトータルの利息を計算します。元本の返済を考慮しない分、計算はしやすいのですが、年利の数字が低く見えるという、消費者にとっては注意すべき特徴があります。

先ほどの100万円、年利1%、5年返済を元金均等返済で行うと、トータルの利息は2万5596円。アドオン方式では5万円だったので、利息が半額近いことがわかります。ちなみにアドオン方式の年利1%を元利均等返済での年利に置き換えた実質金利は1・9365%。年利1%という印象とは、かなり違う水準になることがわかります。

お金を借りる際も、先にご紹介した金融電卓や試算サイトで計算をしてみましょう。認識している借入額、返済期間、年利が合っているはずなのに返済計画の数字と合わない、総返済額が合わないなどがあれば、前提となる計算方法が異なる可能性があります。

「前提条件をそろえなければ、利率の比較はできない例がたくさんある」ということを知っておけば、客観的な判断につながります。自分でも数字をはじいて、実際の契約内容と認識にギャップが生まれないような選択をしていきましょう。

09

短期投資よりも長期投資！軸を作ってブレずに続ける

▼短期でキャピタルゲインを狙うことは難易度が高い

投資手法には、投資期間（商品を買ってから売るまでの期間）によって、**短期投資**と**長期投資**があります。この二つ、単に「売り買いする期間」が異なるだけではありません。投資に取り組むスタンスも違ってきます。

投資初心者には長期投資をおすすめしますが、まずは二つの違いを見ていきましょう。

短期投資は、「安値を狙って買い、高値で売却する」を1日〜1年くらいのサイクルで繰り返して成果を確定する手法です。1日の中で株式などの売買を繰り返すデイトレード、数日〜数週間で売買をするスイングトレードなどが短期投資。主に得る収益は、キャピタルゲインです。

金融商品は、一時的な要因で評価額が大きく上下します。短期投資はその落差を狙ったもの。しかし、「安値で買い、高値で売る」というテクニックは、簡単なように見えますが、すぐに習得できるものではありません。銘柄のチャートや板を読み取る力、経済や政治の動向などがチャートにどう影響を与えるかを予測する力などが必要です。また、そもそも整理できる情報ばかりではなく、運の要素も大きくなります。

投資行動ではさまざまなバイアス（思考や行動の偏り）がかかることも知られており、初心者が冷静な判断をするのは難しいのです。

▼継続・収束・複利的効果を味方にした長期投資

長期投資では、数年～数十年かけて商品を保有します。先に、短期では価格変動が激しくなりやすいと書きました。しかし、長期で見ると、価格変動幅は小さくなり、運用成績は収束（安定）していく傾向があります。つまり、短期の値動きに動じることなく、長期で見ていけば失敗する可能性が低くなる、といえます。

長期投資では、収益を再投資して、長い投資期間の中で複利的な効果を得ることもできます。

今後も継続的な成長があると見込まれる企業やジャンルに投資するのが、成功のコツ。投資先の業績や経営状態などを研究しておくことが大切です。

▼人は短期投資を優先しやすい

冒頭でも述べたように、**投資初心者におすすめするのは長期投資です。**成績の収束や複利的な効果というメリットに加えて、商品を持っているだけなので、いつもチャートの動きを気にする必要もありません。仕事をもつ現役の世代でも始めやすいでしょう。

でも、気をつけたいのは、人は、遠い未来のことより目先のことに気を取られやすいこと。**投資行動で言えば、長期投資のメリットを知っていても、ずっと先の大きな成果より、小さくても目の前の成果にとらわれて行動してしまいがちです。**

たとえば、利益が出た銘柄を、この先もっと利益が出るかもしれないのに売ってしまう。反対に、一時的に値が大きく下がった銘柄に強い不安を感じて、しばらく待てば戻るかもしれないのに投げ売りする、などです。

「日々の値動きに一喜一憂することなく、時間を味方につけた長期投資をしよう」と頭ではわかっていてもなかなか行動できないもの。間違った選択をできる限り避けるためにも、こうした行動傾向は知っておいてください。

▼目的と投資ルールを繰り返しチェック

では、ブレずに長期投資を続けるにはどうしたらいいのか。

第一に、投資の目的を思い出すことです。投資の目的は、資産の価値を維持すること。そのために、資産の形を換えて保管しているにすぎません。額面がアップダウンしても気にしすぎず、値動きを分散させているという目的に繰り返し目を向けましょう。

そして、ブレないために、**投資方針を資産運用計画**（→P38）**に組み込む**のがいいでしょう。投資の目的のほか、投資の心構え、投資期間、想定されるリスク、リスクを超えたときの対処などを決めて自分の投資ルールとして資産運用計画に書いておくのです。

たとえば、「20％以上値上がりしたら、一部を売ることを検討」「想定リスクはマイナス15％まで。リスクを超えても、基本は売らずにリバランスする」などのように。

自分の投資ルールをあらかじめ作っておくことで、投資軸が定まります。一時的に相場が大きく変動したら心は揺れ動くかもしれませんが、資産運用計画を見返すことで、初心に返ることができます。そして、計画で決めた通りに行動するようにすればいいのです。

資産運用計画は、しまい込まずにいつでも見返せるようにしてください。

長期と短期のリスクとリターン

長期での値幅は一定の幅に収まることが多い

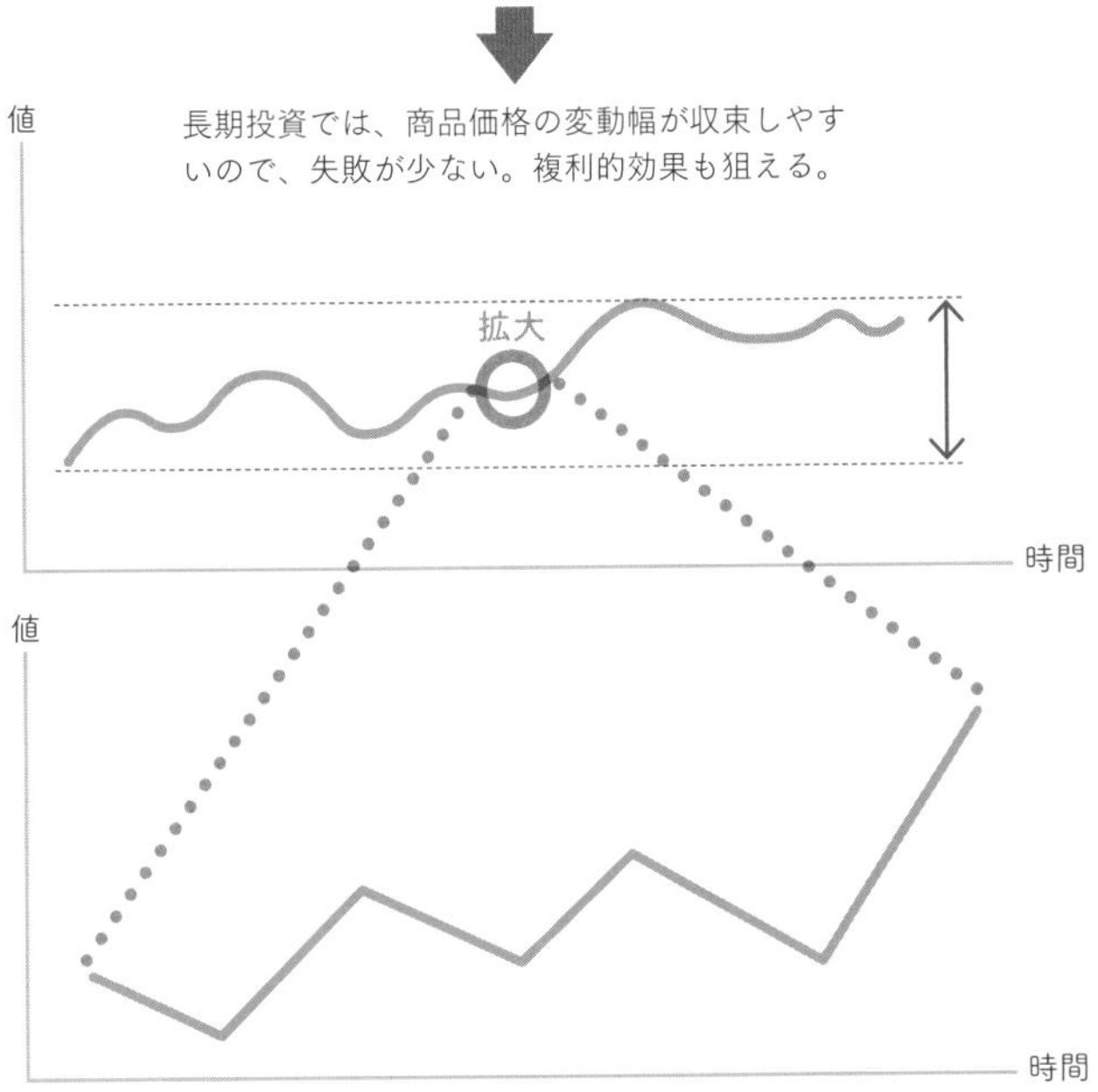
値
長期投資では、商品価格の変動幅が収束しやすいので、失敗が少ない。複利的効果も狙える。
拡大
時間
値
時間

短期投資は短い時間で値幅が上下する落差を狙う

反転のタイミングを見極めるなど、相場を正確に判断する能力が必要。初心者は失敗しやすい。

10 ポートフォリオとリバランス

▼ポートフォリオとは意図した金融商品で資産配分を実践

前述したように、資産の割合のことを**アセットアロケーション**（➡P71）といいますが、**アセットアロケーションを具体的な金融商品で配分を実践すること**を**ポートフォリオ**といいます。

アセットアロケーションで、「国内株式、国内債券、先進国株式、先進国債券を25％ずつ（1：1：1：1）で保有する」と決めたとします。

そうして実際に、「国内株式投資信託の商品A、10年もの国債のB、先進国株式投資信託の商品C、先進国債券ETFの商品Dを25％ずつ（1：1：1：1の割合で）同額ずつ買う」のがポートフォリオです。

▼リバランスとは自分の意図した資産割合に調整すること

さて、最初に定めたポートフォリオから、運用成績によって比率が変わっていくことがあります。前の例であれば、国内株式、国内債券、先進国株式、先進国債券を25％ずつ買ったのが、国内の株式と債券の運用成績が振るわず先進国株式が好調で大きく増えて、15％：20％：40％：25％というように比率が変わったとしましょう。

将来のリスクに備えてこれから購入する割合を変え、当初のポートフォリオに沿った配分に調整したいと考えたとしましょう。その場合、先進国株式を購入するのを一時的に休んで、国内株式と国内債券を増額して買います。こうして、元の比率（25％ずつ）に戻していきます。このように、**定期的に金融資産の割合を見直して、自分の意図した資産割合にしていくこと**を**リバランス**といいます。

▼最初に考えたポートフォリオにこだわるべき？

最初に決めたポートフォリオに沿うべき、という決まりはありません。運用成績が上がっているということは、その投資対象が成長しているということです。ポートフォリオが崩れているということを認識したうえで、そのまま買い続けて、その金融資産の利回りを伸ばしていこうという考え方も当然あります。

つまり、最初のポートフォリオにこだわることより、変化によってリスク要因が変化していることを認識するとか、さらに利回りを伸ばしたい、といったように**今後の運用をどうするかを考えてポートフォリオを維持する、見直すという判断をすべきです**。そのためにも、**割合の変化を定期的にチェックする**ことが必要です。

▼年齢や状況に応じて資産配分を変える

年齢によって、資産配分を変えるという考え方もあります。

年齢が若ければ、多少のリスクがあっても働いて得る収入でカバーできますし、

長期運用で成果が出るかもしれません。そして、年齢を重ねるほど、資金の損失を減らすために手堅く増やす方向で配分を変えるという考え方があります。

また、手堅い職業についていたら、運用では多少リスクが取れる、というように、働き方で配分を変えるという考え方もあります。

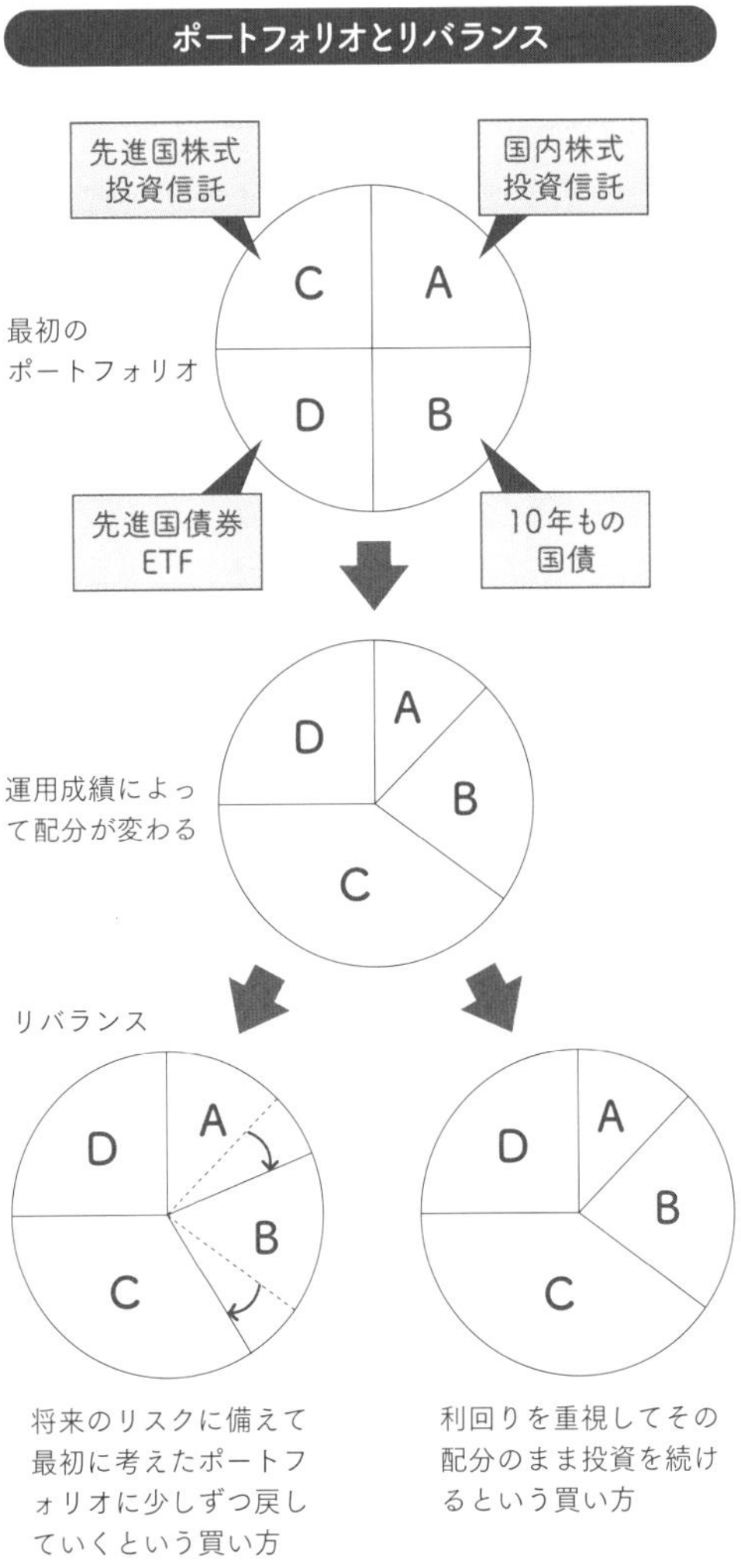

▼ロボアドバイザーという選択も

自分にとって適正なポートフォリオがわからないのなら、**ロボアドバイザー**を使うのも手です。**年齢、家族構成、資産額などいくつかの質問に答えて診断を受けることで、ポートフォリオを提案してくれます。診断まではお金がかからないことが多いので、複数のロボアドバイザーを試してみて、結果を見比べて参考にするのもよいでしょう。**また、診断結果を受けて購入まで任せることができるサービスもありますが、管理手数料は高いため慎重に検討しましょう。

11 損をしたときほど税制のしくみを活用

▼利益から税金が引かれていることを常に意識する

投資を本気で考えるようになると、税金の話を避けては通れなくなります。投資で利益を得ても、全額があなたの懐に入るわけではありません。株式、投資信託の配当金や譲渡益、預貯金や債券の利子など、投資で得た利益は、所得税*や住民税の課税対象となるからです。**投資で得た収益から税金が引かれた後の手取り額が、あなたが本当に得られる「利益」です。**

投資による利益にかかる税率の多くは、**約20%**です。たとえば、投資で得た利益が10万円あったとしたら、その約20%が税金で差し引かれ、手取りで入るお金は約8万円ということになります。

*2051年（予定）までは所得税とともに復興所得税がかかる。

この約20％の税金、収益が小さいうちは無視できるほどですが、収益が大きくなるほど当然負担が大きくなります。そのため、何の手立ても打たずに投資を続けるのはもったいないでしょう。

投資の利益にかかる税金には回避法があります。**税制優遇があるＮＩＳＡ**《ニーサ》（→Ｐ213〜）**やｉＤｅＣｏ**《イデコ》（→Ｐ233〜）**を利用すればいいのです。**

税金の負担は金融機関に支払う手数料などとともに投資のコストとしてとらえるべきです。「どうしたら最もコストが小さくなるか」を考えて、ＮＩＳＡやｉＤｅＣｏのしくみを利用して、手取り利益の最大化をはかるのが賢明です。ＮＩＳＡやｉＤｅＣｏを利用したコスト削減の詳細はそれぞれの章で解説します。

▼確定申告をしなくていい口座を選ぶ

NISAやiDeCoを利用すれば税金の負担は軽減できますが、税金についての知識は身につけておきたいところです。なぜなら、金融機関での口座選びにかかわってくるからです。

投資で生じる利益には種類があり、種類ごとに税金の引かれ方が異なります。

預貯金や債券などの利子は**利子所得**、株式などの配当金は**配当所得**といって、税金は源泉徴収されます。あらかじめ税金を差し引いて支払われるわけです。銀行に預けても、利子は0・001％などとごくわずか。銀行の預金通帳の利子額を見ると悲しくなりますが、それでも税金はちゃんと引かれたうえでの金額です。

債券の満期、株式や投資信託の売却によって得た利益は、**譲渡所得**になり、確定申告をして税金を納めるのが原則です。でも、自分で利益の計算をして納税する確定申告の作業は面倒に感じるもの。そんなときは、証券会社の「源泉徴収ありの特定口座」(→P281)を選んでください。あらかじめ税金を差し引いて利益を振り込んでくれるので、確定申告は不要になります。

▼損失のときほど確定申告を最大限に活かそう

出た利益に応じて支払う税金。反対に、利益がマイナスになった、つまり損失を被ったときは税金を支払わなくていいのです。税金が源泉徴収されていれば、確定申告で損失を申告して（損失申告）、税金を取り戻してください。

損失が出た売買以外に、株式や投資信託の売買、配当で得た利益がある場合は、損失分と利益とを相殺して、税額を計算することができます。つまり、利益から損失分を差し引くことで利益額が少なくなり、税金も少なくなるわけです。このように**同じ年の投資など各所得の利益と損失を相殺することを損益通算《そんえきつうさん》といいます。**

相殺する利益がなくても、損失が出た年に確定申告の損失申告をしておけば、翌年から3年間で出た投資の利益から損失分を差し引くことができます。これを繰越《くりこし》控除《こうじょ》といいます。

たとえば、今年100万円の損失を出して損失申告をしたとします。翌年は、30万円の利益が出ましたが、前年の損失分100万円を差し引いて利益を0、税額も

0円とすることができます。

ただし損失申告をした翌年から3年間は、毎年期限内に確定申告をしてください。そうしないと繰越控除ができなくなる可能性があります。ちなみに「源泉徴収ありの特定口座」の場合、いったん利益に対して天引きされますが、損失の確定申告を行うと税金が戻ってきます。

投資では、損失を出したときほど、どのようにリカバリーするかを考えたいもの。このときばかりは税制のしくみを最大限に利用して、損失分で節税しましょう。

損益通算と繰越控除

損益通算《そんえきつうさん》（内部通算） ▶ 同じ年の投資など各所得の利益と損失を相殺すること。

売買して損失が出た口座	売買して利益が出た口座	売買して利益が出た口座
－10万円	＋20万円	＋5万円

▼

すべての口座を合算して利益額または損失額を出す。

↙ 合計で損失が出たら、確定申告をすると税金が還付される

↘ 合計で利益が出たら、確定申告をすると税金が軽減される

繰越控除《くりこしこうじょ》 ▶ 投資で損失が出たら、確定申告をすることで、翌年から3年間は投資の利益から損失分を差し引いて税額を軽減することができる制度。

年	X1年	X2年	X3年	X4年
年間損益	-100万円	＋30万円	＋50万円	＋40万円
前年からの繰越損失	―	-100万円	-70万円	-20万円
繰越控除	―	-70万円	-20万円	＋20万円
納税額	0円	0円	0円	40,630円

X1年の損失を翌年から３年間繰り越して利益から損失分を差し引くことができる。

Chapter 3

金融商品のしくみをざっくりと知る

01 投資初心者が選ぶべき投資スタイル

▼投資初心者にとって王道の「長期・分散・積立」

大切なことなので、ここでもう一度確認します。
投資をする目的は、何でしょうか？

お金の価値を目減りさせないために行うのが資産運用の一部としての投資です。未来のライフイベントに備えて、「待てる期間」に合わせて資産の性格を換え、保管しているに過ぎません。投資初心者ほど、なおさらその目的を胸に刻んで投資を始めてほしいのです。

では、投資を始めるとき、第一に気を付けるべきことは何でしょうか。

資産の「価値」が目減りするリスクを軽減すること、でしたね。

2章では、投資を始めるための基礎知識をお伝えしてきました。その中で、リスクとは何か、できる限りリスクを軽減し、かつコントロールするにはどんな投資のやり方が適しているかも明確になっています。

そのやり方を一言でまとめると、「**長期・分散・積立**」です。

金融商品を長期的に保有することで、リスク（変動幅）の収束を狙う。アセットクラスを分散させて投資することで、リスクを抑える。心穏やかでいられる額を定期的にコツコツ積立購入に回すことで、リスクを金額でコントロールする――。

「長期・分散・積立」は、資産の価値が目減りすることを軽減するために投資を始める初心者にとって、まさに王道の投資方法といえるのです。

▼「長期・分散・積立」に向く投資信託　構成する商品をチェック

では、「長期・分散・積立」投資に向いている金融商品はあるのでしょうか。

この第3章では、個々の金融商品について詳しく見ていきますが、**結論から述べると、投資信託が「長期・分散・積立」投資にもっとも向いている**といえます。

しかし、投資信託のメリット、デメリットをよりよく知るためには、投資信託を構成する債券や株式などの性質やメリット・デメリットについても知っておかなければなりません。

それに、「長期・分散・積立」投資は、最低限資産の価値を保っておく守りの部分です。ある程度投資の経験も積んだら、守りの部分は保ちつつ、リスクを負ってリターンを狙う攻めの部分も持つのもいいでしょう。このような投資のスタイルを**コア・サテライト戦略**といいます。**コア・サテライト戦略では、守りの部分を投資信託、攻めの部分を株式投資などで運用するのが現実的**です。これから投資の選択の幅を広げていくためにも、それぞれの金融商品の性質をつかんでおいてください。

▼コストを下げるために税制優遇口座の開設は必須

資産価値を下げないためには、増やす前に節約から。投資では、金融商品の手数料などコストの削減にも気を配りたいものです。ことに、配当金や譲渡益などの利益にかかる税金は約20％と、コストの中でも比重が大きいものとなっています。

税金というコストをゼロにして、その分を再分配で運用を続けたとすれば、長い目で見れば大きな利益になっています。そう考えると、ＮＩＳＡ《ニーサ》やｉＤｅＣｏ《イデコ》など、利益にかかる税金が０円の税制優遇口座はおおいに活用していくべきでしょう。２０２４年からＮＩＳＡが拡充され、税制優遇口座での資産運用は必須です。

02 商品の中身を知らないで投資をしてはいけない

▼「投資信託なら何でもよい」というわけではない

ライフイベントの時期によって「すぐに使うお金」「守るお金」「増やすお金」の三つに分けて、それぞれにあった金融商品で運用すべきであること（↓P39）。そして、「守るお金」は安全性が高く、多少の利殖性も見込める利率の高い預金や個人向け国債で持っておくべき。また、「増やすお金」は短期間では元本を割る時期があっても長期で見れば利殖性が期待される金融商品で保有すべきであることを説明しました（↓P50〜）。

しかし、このくらいの知識ではどの商品に投資すべきかは定まりません。**実際どの商品で運用すべきかを絞り込むためには、投資する商品についての知識が必要**です。

投資初心者は「長期・分散・積立」投資に適した投資信託をまず考えたほうがよいのですが、「投資信託なら何でもよい」というわけではありません。

▼投資信託でもリスクが極端に高いものもある

たとえば、インターネットで「ゆうちょ銀行　投資信託」と検索してみてください。ゆうちょ銀行での販売金額、販売件数、トータルリターンごとにファンドのランキングが並びますが、同じ投資信託のくくりであっても、リスクとリターンの度合いはまったく違います。

たとえば、トータルリターンの上位10ファンドを見ると、収益の多い順に投資信託がずらっと並びます。1年でのリターンが10%を超えるもの、なかには20%を超える商品もあります。

しかし、2章で解説したようにリターンが高い商品はリスクも高い、という原則があります。ちなみにリターンが20%を超える投資信託には、メキシコやトルコといった新興国の債券や株式を高い割合で組み込んだものが結構あります。それらの新興国が抱える不安定要因を知らないと、知らぬ間に思っていた以上のリスク（変動幅）をとってしまうということが起こります。

ＮＩＳＡのつみたて投資枠（↓P219、228）に使える商品は投資信託が中心です。また、後述するように投資信託の多くの商品は少額で分散投資ができるという、リスクを軽減できるメリットもあります。それらの理由から投資信託を資産の一部に組み込むのは決して間違ってはいません。しかし、先述のようにリスクの高い商品もあるため、投資信託の概要を知っているだけでは危険なのです。

「金融機関に勤めている友人に勧められた」といった理由でもダメです。その友人は「投資するお金はどういう位置づけの予算か」というあなたの「待てる期間」がわかっていないからです。投資信託は預貯金のようにお金の出し入れが簡単ではありません。「失敗しそうになったら、解約すればいいや」程度の感覚で、まとまった資金を使って手を出すのは危険です。

高いリターンが見込める商品であっても、商品知識がないうちはその商品に手を出さない。

これは必ず守ってください。

03

債券① 債券にもリスクがある

▼国や地方自治体、企業にお金を貸す投資方法

債券投資とは、**国や地方自治体、企業などが発行する債券という借用証書を購入すると、保有期間中の利子が受け取れ、満期時に元本が戻される（償還《しょうかん》）という投資手法**です。また、満期まで保有することもできるし、途中で売ることもできます。

債券には主に次のものがあります。

・日本政府が発行する**国債**
・都道府県や地方公共団体が発行する**地方債**
・企業が発行する**社債**
・外国の政府や企業が発行する**外国債券（外債）**

債券のしくみ

◉債券はお金の借用書

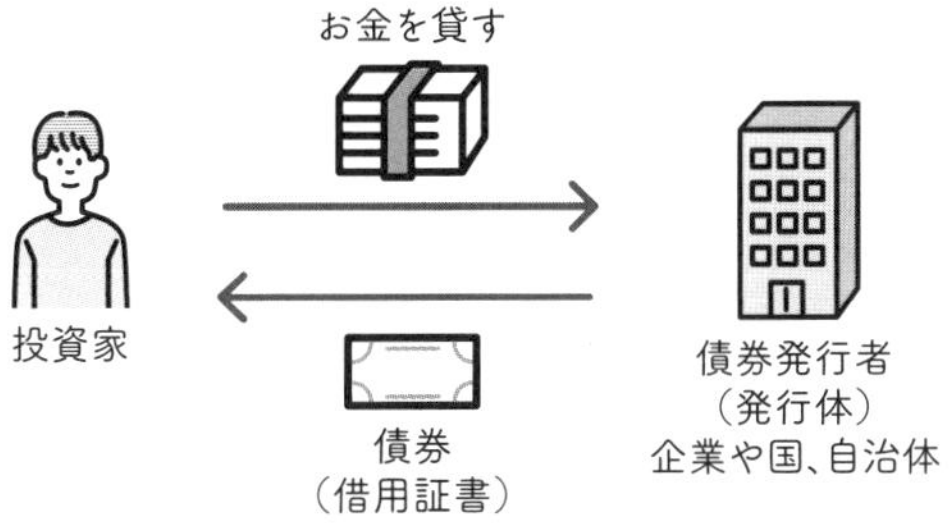

◉保有期間中利子を受け取れる

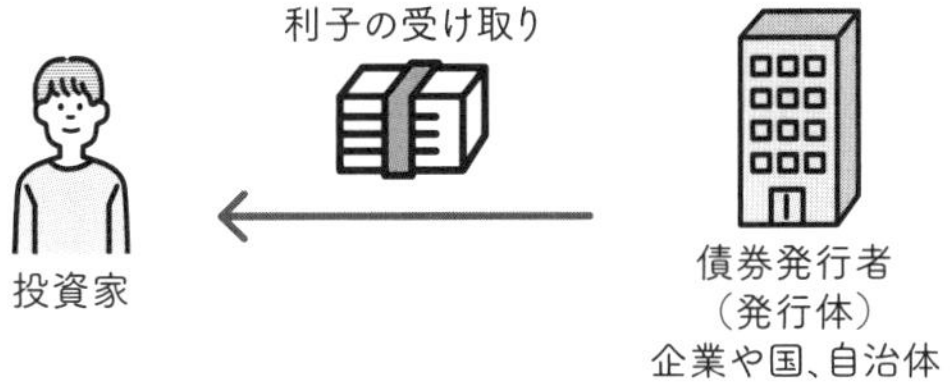

◉満期時に元金が戻される（償還）

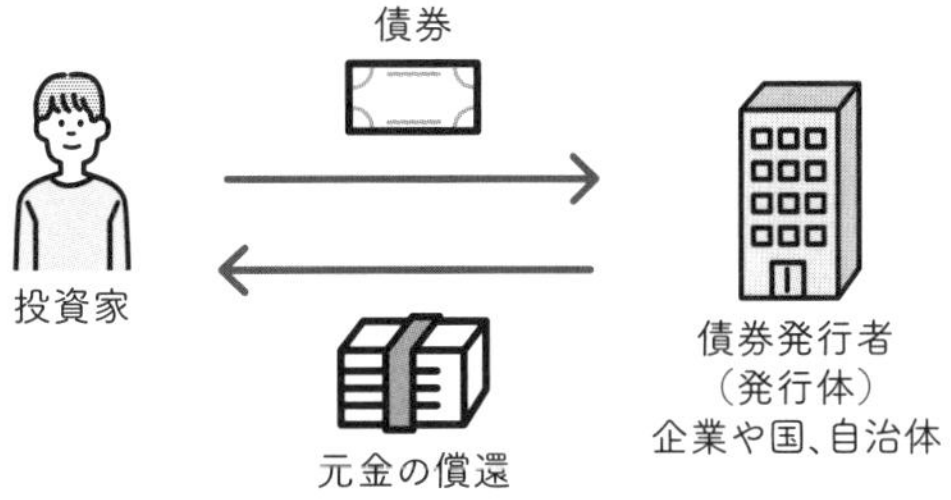

▼債券の特徴とリスク

「満期時に元本を返し、それまでは利子を払う」というのは、お金の貸し借りの約束なので、後に出てくる株式に比べると安全性が高いといえます。お金を貸す相手が日本政府や企業などであれば、より安心かもしれませんが、安心な貸出先は利回りが低い傾向にあります。

また、債券は、元本保証の商品と誤解されることもありますが、次のようなリスクもあります。

①デフォルトになるおそれがある（信用リスク）

お金を貸した団体が破綻したり経営状況などが悪くなると、貸したお金が戻ってこなかったり、減ってしまう可能性が出てきます。利子がもらえなくなることもあります。このように**債券の返済ができなくなること**を**デフォルト（債務不履行）**といいます。

②価格の変動で損をすることがある（価格変動リスク）

債券は新規発行から満期までの途中で売却することができます。途中で売買される債券の価格は、満期までの残りの期間や債券を発行する団体の経営状況などで上下します。債券の価格が下がったときに売却すると、購入時と売却時の価格差で損をすることがあります。

③為替の変動で損をすることがある（為替リスク）

ドルなどの円以外の通貨で債券を購入すると、円での受け取り額がそのときの為替レートで変わります。円安になると得をしますが、円高になると損をします（為替リスク→P204）。

そのほか、金利が変わることで、債券の価格が変わることがあります（金利変動リスク）。

▼債券選びでは格付けをチェック

債券には、**格付け**と呼ばれる信用度を測る指標があります。**お金を貸す団体が破綻したりデフォルトする可能性が低いか、安心して貸せるかなど、貸し出す先の信**

用度を判断するための指標です。格付けが高いから100%安全、とはいえませんが、債券選びの指標にはなります。

格付けをするのは、「格付け機関」と呼ばれる民間の格付け会社。格付け会社は複数あり、同じ企業であっても格付け会社によって格付けが異なることもあります。債券を選ぶときは、複数の格付け会社の格付けを見比べたり、企業の信用度や為替変動なども参考にします。

格付けの高い債券は、安心して投資できるのですが、一般的に受け取る利子も低くなります。逆に、格付けの低い債券はデフォルト（債務不履行）などの可能性が上がる分、リスクが織り込まれ、高い利率が設定されていることが多いです。

▼債券で高い利回りを求めるのは初心者には無理

債券は、性質が定期預金に近く、初心者は始めやすいでしょう。しかし、大きな利回りは期待できません。利回りの高い商品を狙えば、その分リスクも高くなります。リスクの分析などは投資初心者には容易ではありません。

格付投資情報センター（R&I）の格付け指標（発行体格付）

AAAからBBBまでが「投資適格格付け」、BB以下が「投機的格付け」と定義されている。

信用度：高 ↑↓ 低

信用度	格付	定義	区分
高	AAA	信用力は最も高く、多くの優れた要素がある。	投資適格格付け
	AA	信用力は極めて高く、優れた要素がある。	投資適格格付け
	A	信用力は高く、部分的に優れた要素がある。	投資適格格付け
	BBB	信用力は十分であるが、将来環境が大きく変化する場合、注意すべき要素がある。	投資適格格付け
	BB	信用力は当面問題ないが、将来環境が変化する場合、十分注意すべき要素がある。	投機的格付け
	B	信用力に問題があり、絶えず注意すべき要素がある。	投機的格付け
	CCC	信用力に重大な問題があり、金融債務が不履行に陥る懸念が強い。	投機的格付け
	CC	発行体のすべての金融債務が不履行に陥る懸念が強い。	投機的格付け
低	D	発行体のすべての金融債務が不履行に陥っているとR&Iが判断する格付。	投機的格付け

04 債券② 長期保有なら「個人向け国債」

▼「個人向け国債」は手堅さを求める初心者向き

債券投資で初心者が取り組みやすいのは、日本政府の国債である**個人向け国債**です。理由は、**安全性が高いことと、通常の預貯金よりも金利が高いこと**などが挙げられます。

利率が高めな外国債や社債などは、元本の払い戻しや利子の払い戻しが滞ったり、無くなったりする可能性が高くなります。過去にはギリシャやアルゼンチンがデフォルト（債務不履行）になり、2022年にはウクライナ侵攻によりロシアがデフォルトになりました。しかし、日本政府が発行する国債がデフォルトになる可能性は低いです。債券投資を始めるなら、「個人向け国債」が手堅さNO．1です。

個人向け国債は、金利のタイプや満期によって次の三つの商品に分けられます。

個人向け国債の種類

個人向け国債は「変動10年」「固定5年」「固定3年」の3種類がある。

商品名	変動金利型10年満期 変動10 詳しくはこちら→	固定金利型5年満期 固定5 詳しくはこちら→	固定金利型3年満期 固定3 詳しくはこちら→
特徴	実勢金利に応じて半年毎に適用利率が変わるため、受取利子が増えることもある。	満期まで利率が変わらないので、発行した時点で投資結果を知ることができる。	満期まで利率が変わらないので、発行した時点で投資結果を知ることができる。
満期	10年	5年	3年
金利タイプ	変動金利	固定金利	固定金利
金利設定方法※1	基準金利×0.66※2	基準金利-0.05%※3	基準金利-0.03%※3

金利の下限

0.05%(年率)

利子の受け取り

半年毎に**年2回**

購入単価(販売価格)

最低1万円から**1万円単位**(額面金額100円につき100円)

償還金額

額面金額100円につき100円(中途換金時も同じ)

中途換金

発行後1年経過すれば、**いつでも中途換金が可能**※4
直前2回分の各利子(税引前)相当額×0.79685が差し引かれます。※5

発行月(発行頻度)

毎月(年12回)

最新の金利など商品内容は財務省のホームページを確認すること。

国債の利率は、市場金利と連動した基準金利を元に算出されます。固定3年と固定5年の金利は、購入時の利率で固定されるため、低い利率のときに購入すると不利になります。

変動10年は、年2回（半年ごと）に適用される利率が見直されます。市場金利が上がれば、それに伴い適用金利も上がり、市場金利が下がれば適用金利も下がります。現在、日本の市場金利はこれ以上下げようがないほど低いので、適用金利が下がることを気にする必要はあまりありません。

いずれも金利の下限は0・05％と設定されているので、市場金利がいくら下がっても、0・05％以上の利子を受け取ることができます。

満期はそれぞれ3年、5年、10年と設定されていますが、**発行から1年経過すると、満期を迎える前でもいつでも中途換金でき（ただし、直近2回分の利子が差し引かれる）、実質、元本割れの心配がありません。**

個人向け国債は、券面が発行されないペーパーレスなので、証券の偽造や盗難、紛失の心配がないのも安心です。利子や元本の受け取りをうっかり忘れてしまうこともありません。

国が発行する個人向け国債は、銀行や証券会社などの金融機関で購入できます。**購入単位は最低1万円から1万円単位**です。毎月募集・発行しています。全国にあるゆうちょ銀行や郵便局の窓口ではほぼ通年にわたりいつでも購入可能です。また、窓口まで出向かなくてもインターネット上で購入できる金融機関もあります。財務省のホームページで、個人向け国債の取扱金融機関一覧を参考にしてください。

▼生活防衛資金、遠い将来の保有資産に向く

生活防衛資金や遠い将来の老後資金など、長期間保有する資金に個人向け国債は適しています。とはいえ、ネット銀行の定期預金や普通預金の中には、個人向け国債よりも利率が高い口座もあります。**ペイオフの対象となる1000万円以下なら、個人向け国債よりも金利の高いネット銀行を活用すべきです。**

ただし、変動10年は、市場金利の動きによって適用金利も見直されるので、金利上昇局面では高い金利を得られるケースもあります。長期保有する資金なら変動10年も預け先候補の一つに加えてよいでしょう。

05 株式① 株式投資で得られる利益

▼株式投資によるリターン① 配当金と株主優待

企業は、事業を行うためにさまざまな手段を使って資金を調達します。手段には銀行からの融資などがありますが、**株式**の発行も手段の一つ。株式とは、**株式会社が事業を行うために必要な資金をほかの企業や個人から集めるときに発行する証券のこと**です。**株式を保有している人のこと**を**株主**といいます。

「社債と株式とでは何が違うのか？」という質問を受けることがありますが、企業の資金調達手段の一つである点は同じでも、社債では、前述したように、元金の返済と利子の支払いを発行体である企業が約束しています。

株式では、元金の返済と利子の支払いという約束はなく、企業には出資されたお金の返済義務がありません。

株式で受け取れる利益　配当金と値上がり益

◉出資と配当のしくみ

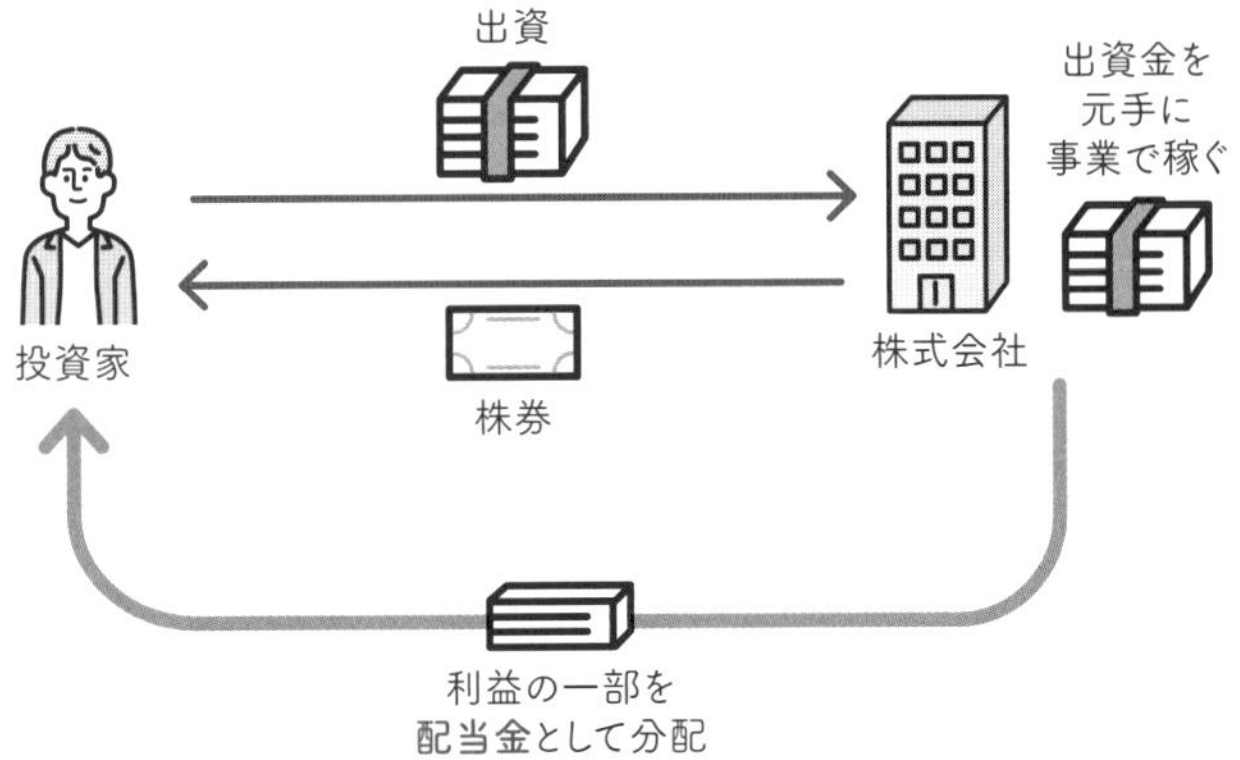
出資
出資金を
元手に
事業で稼ぐ
投資家
株券
株式会社
利益の一部を
配当金として分配

◉値上がり益のしくみ

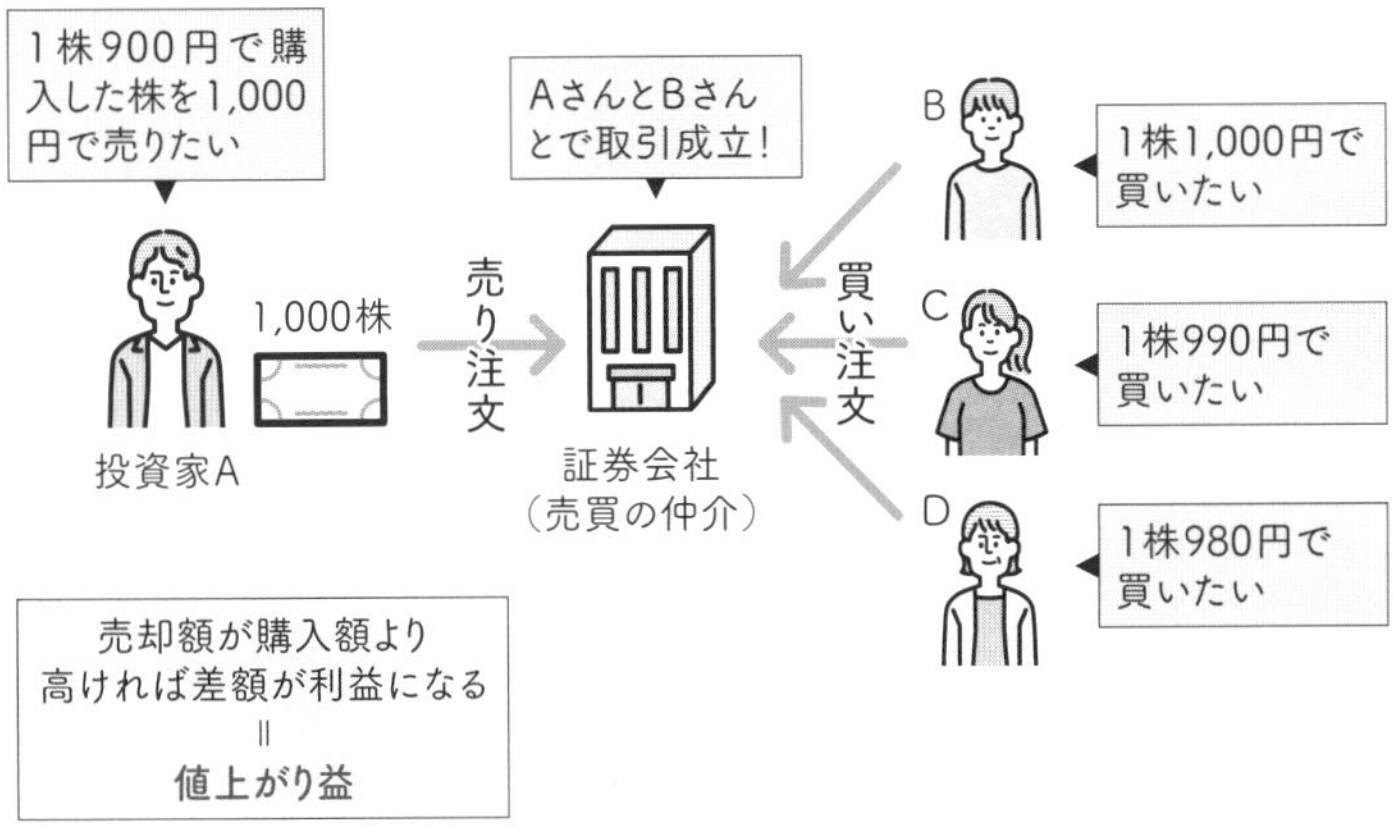
1株900円で購入した株を1,000円で売りたい
AさんとBさんとで取引成立!
1,000株
売り注文
買い注文
投資家A
証券会社
(売買の仲介)
B
C
D
1株1,000円で買いたい
1株990円で買いたい
1株980円で買いたい
売却額が購入額より
高ければ差額が利益になる
=
値上がり益

投資家は、株式を購入することで、その会社のオーナー（所有者＝**株主**）の一人となります。株主になると、**配当金や株主優待などのかたちで、企業が上げた利益の一部を受け取る権利を得られます。**

配当金というのは、**会社が稼いだ純利益の一部を株主に渡すお金**のことです。収益の種類としては**インカムゲイン**に分類されます（↓P79）。ただし、企業は配当金を必ず渡すという約束をしているわけではありません。業績がよくなかったり、設備投資などのために資金を確保したいといった理由で**配当金を出さない**こともあります。これを**無配**といいます。

株主優待とは、株主への企業側の感謝の意味で、その企業のサービスをお得に利用できたり、株主限定のアイテムをプレゼントするものです。ただし、株主優待は日本企業独自のしくみで、海外の企業にはありません。業績に関係なく資金を集められるということから、海外投資家を中心に「市場を歪める行為」だとして批判を受け、最近では株主優待に対して消極的な企業は増えています。なお、上場企業のうち株主優待を採用している企業は約３割です。

株主優待だけで食事や日用品をまかなっている投資家がクローズアップされることも多いため、「株主優待がついてくる企業の株を持っていれば、節約につながるのでは？」と考える方がいます。しかし、365日の食事をまかなえるほどの株主優待を得るには相当な投資額が必要です。株主優待で得られる儲けは株価の下落で吹き飛んでしまう程度です。「株主優待はあくまでもおまけ」なのです。

▼株式投資によるリターン② 値上がり益

株式投資によって得られる利益はもう一つあります。**株式を買ったときよりも株式を売ったときの値段が高ければ、差額分が利益**になります。この利益のことを**値上がり益**と呼びます。収益の種類としては**キャピタルゲイン**に分類されます。株式の投資家のほとんどはキャピタルゲイン目的である、といってもいいでしょう。なお、**株式を買ったときよりも株式を売ったときの値段が安ければ、差額分が損失**になります。これがいわゆる**値下がり損**で、収益の種類では**キャピタルロス**にあたります。

キャピタルゲインとキャピタルロス

◉買ったときより売ったときの株価が高いと……

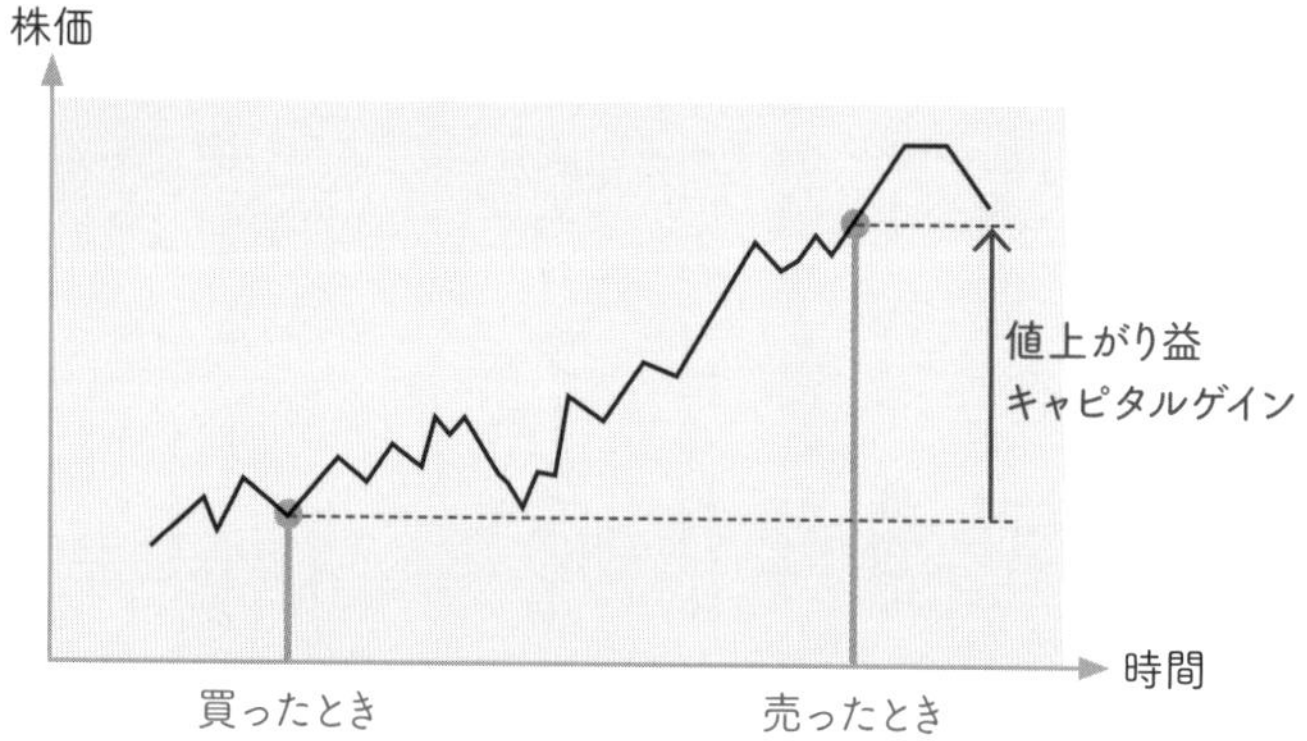

◉買ったときより売ったときの株価が安いと……

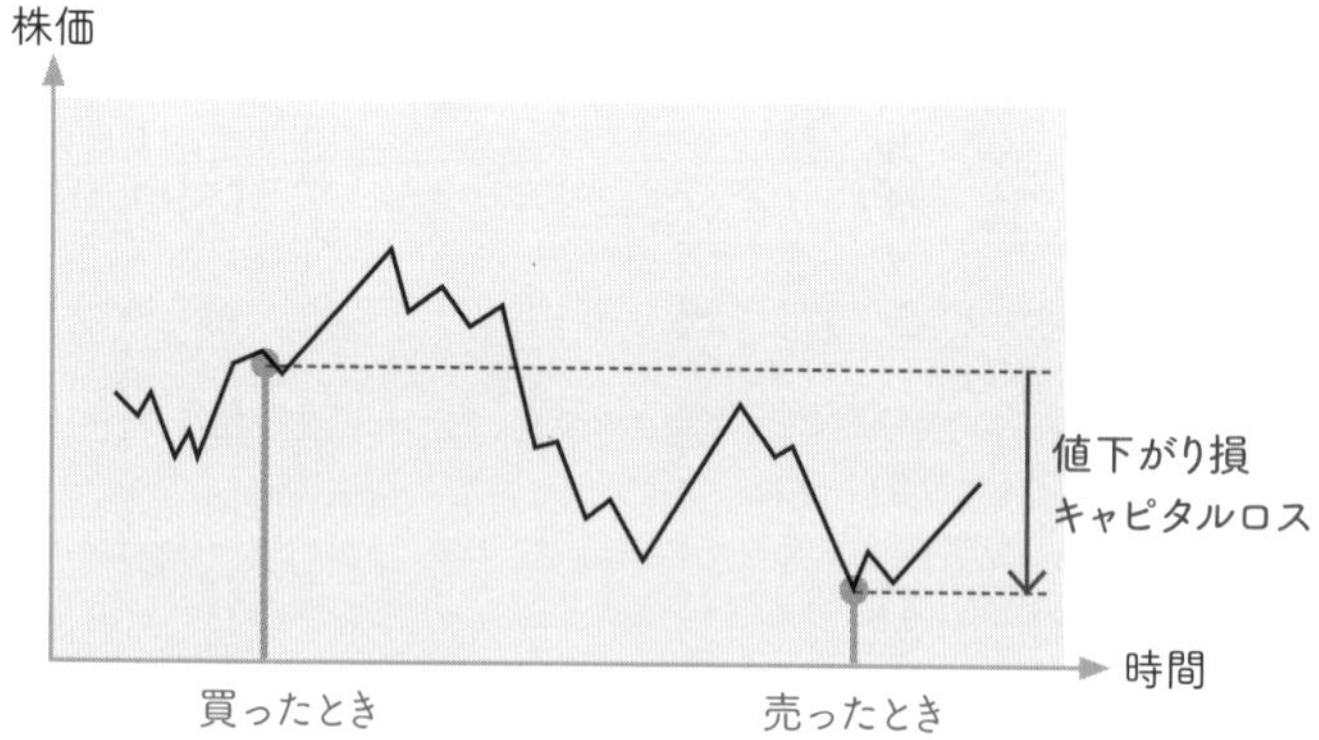

▼株価は株式の需給の良し悪しによって決まる

では、ここで株価がどういうしくみで決定されるかを覚えてください。

「株式を売買するところは**株式市場**」だということは何となく知っていると思いますが、株式市場で株を買ったり売ったりするのは**証券会社**ではなく、**投資家同士が証券会社を仲介《ちゅうかい》して株式の売り買いをしています。**株式の取引は、同じ銘柄を売りたい人、買いたい人が、マッチングサービスに参加するようなものです。売りたい価格、買いたい価格が一致すれば、マッチング成立、つまり売買取引が成立します。

マッチングサービスでは、求める条件が高いほどマッチング機会が少なくなりますが、株式の取引も同じこと。ある銘柄の株価が100円からなかなか動かないのに、「110円で売りたい」「90円で買いたい」とムリめの条件をつけたら、取引が成立しないことがあります。売りたい人買いたい人両方の値段がマッチングしたときの値段がそのときの株価になります。

では、次のような場合、株価がどう変わるかを考えてみてください。

「ソニーが画期的なゲーム機を開発中」と報じられ、多くの投資家がソニーの株式を買いたいと考えています。しかし、ソニーの株を保有している人の多くが「将来の業績はもっと上向くだろう。配当金が期待できる」とか「キャピタルゲインが期待できる」という理由で、ソニーの株を手放さなかったとします。このように買いたい人が多いのに売りたい人が少ない状態だと、株価は上昇していきます。

たとえば、その時点でのソニーの株価が1株1万円だとすると、ソニー株を買いたい人は「少しくらい株価が高くても買う。1株1万2000円でも買う」と注文していく人が増えるでしょう。逆に売りたい人のなかには「保有していたいけど、1株1万2000円だったら売ってもいい」と考える人が増えていくでしょう。このように株価が上がっても買いたいという人がいれば、株価は上昇していきます。

逆に、ソニー株を売りたい人が多いのに買いたい人が少ない状態だと、株価は下落していきます。

ある株式の需要（買いたい）と供給（売りたい）関係のことを、**株式の需給**《じゅきゅう》といい、需要が供給を上回ることを**需給がよい**、需要が供給を下回ることを**需給が悪い**といいます。株価は投資家の需要と供給の良し悪しによって決まるのです。

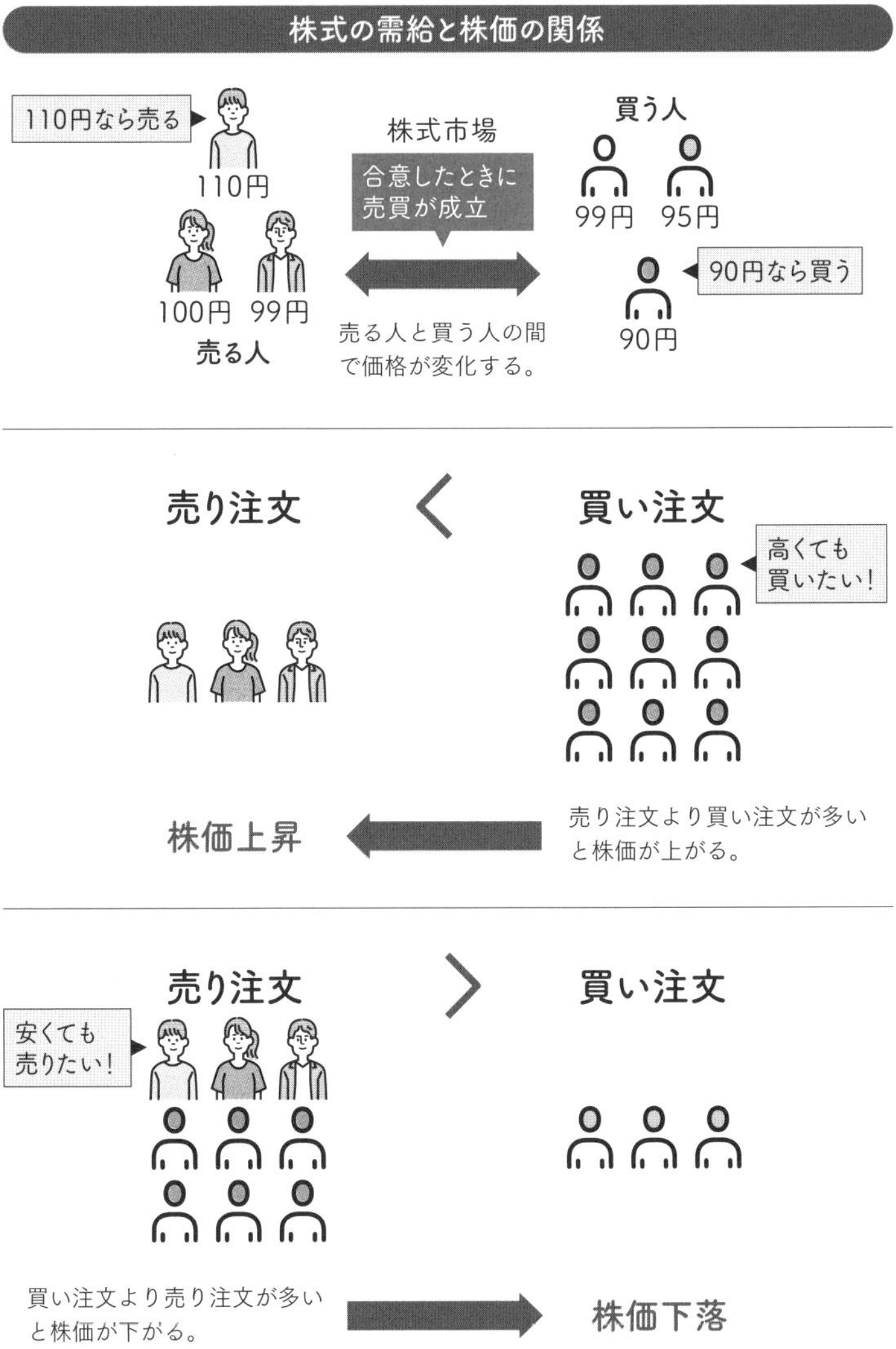
株式の需給と株価の関係
110円なら売る
110円
100円 99円
売る人
株式市場
合意したときに
売買が成立
売る人と買う人の間
で価格が変化する。
買う人
99円 95円
90円なら買う
90円
売り注文 ＜ 買い注文
高くても
買いたい！
株価上昇
売り注文より買い注文が多い
と株価が上がる。
売り注文 ＞ 買い注文
安くても
売りたい！
買い注文より売り注文が多い
と株価が下がる。
株価下落

▼株式の需給は将来予想によって決まる

では、株式の需給の良し悪しを決めるのは何でしょうか。それは、**その会社の将来の業績予想です。**決して現在の業績だけではありません。

先ほどのソニーの例のように、将来の業績が好調であろうと報じられると、ソニー株の需要が供給を上回り株価は上昇していきます。しかし、ある程度の価格になると、**需要と供給が同じレベルになって株価は上がりもせず下がりもしない**、いわゆる**ボックス相場**という状態になります。

また、ソニーのゲーム機開発が投資家の間ではよく噂されていたとしましょう。ゲーム機開発が報じられていたときは、**すでに需給がよい状態が終わっていて株価があまり動かない**ということもありえます。これを**材料織り込み済み**という言い方をします。材料とは、株価に影響する情報のことです。

つまり、株価の将来の動きを判断するときに重要なのは次の2点です。

- **株価は投資家の将来予想によって決まる。**

・売買する時点で材料が織り込み済みということもある。

株価の動向を決めるものが何なのかを知ることは、株式投資に限らず、株式を商品に組み込んでいる投資信託、また、成長株の値動きに連動したインデックスファンド（→P176）を購入する際にも非常に重要です。

自分が成長すると思っている企業・業界でも、投資家の多くがそう考えていなければ株価は上昇しません。自分本位ではなく、「投資家がどう予測するか」という視点が重要なのです。

▼上場株式市場と株価

投資家は、証券会社で扱う**上場株式**で取引するのが一般的です。**上場株式**とは、**証券取引所で株式を売買することを認められた企業（＝上場会社）が発行する株式**です。上場会社は、一定の基準以上の事業の公正性、業績、社会的信用などがあるということ。現在、日本最大の証券取引所である東京証券取引所にはプライム、スタンダード、グロースの三つのタイプの上場株式の市場があり、各市場で流動性や信用度、リスクが異なります（下図）。

株価は1株の価格で表示されますが、上場株式は「100株単位＝1単元」として、単元の整数倍で取引します。たとえば、1株200円の銘柄を2単元（200株）購入するということは、200円×200株で4万円必要ということです。

東京証券取引所　3つのタイプの上場株式市場

2022年4月より3つの市場区分に再編された。

旧市場区分

- 市場第一部
- 市場第二部
- マザーズ
- JASDAQ スタンダード市場 グロース市場

↓

現在の市場区分

プライム市場	スタンダード市場	グロース市場
グローバルな投資家との建設的な対話を中心に据えた企業向けの市場	公開された市場における投資対象としての十分な流動性とガバナンス水準を備えた企業向けの市場	高い成長可能性を有する企業向けの市場

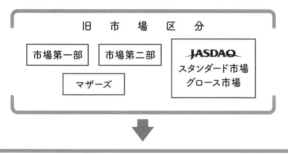

06

株式② 投資経験を積んでから取り組んだほうがよい

▼株式投資のメリット

ざっと株式投資のしくみを見てきました。ここで投資の初心者にとっての、株式投資のメリットを確認しておきましょう。

①タイミングを決めて売買できる

投資対象が明確でしくみもわかりやすいのが株式投資の魅力です。株価が1株1000円以下のものもけっこうあり、1単元（＝100株）10万円前後あれば聞いたことのある企業の銘柄を買うこともできます。また、一度証券会社に登録すれば、売買する金額やタイミングを自分で決めることができます。

証券会社によっては、「少額で定期的に買う」「少額で分散投資」「数百円から部分的に株を買う」などのサービスを提供しています。

②リターンが高い

安く買って高く売れれば値上がり益を得られるほか、持ち続けることで配当金や株主優待を受けることができます。預貯金や国債などと比較して、得られるトータルリターンが大きい、利殖性が高い商品です。

▼株式投資のリスク

株式投資のリスクは、メリットと背中合わせです。

①元本割れのおそれがある（株価変動リスク）

株式投資は債券とは違い、お金を「貸す」のではなく、「出資する」方法です。元本を返してもらうことをベースとしたしくみではありません。大きく値上がりする可能性もある一方で、業績悪化で株価が値下がりし、元本割れする可能性も高い金融商品です。利殖性が高く、安全性は低いというわけです。

なお、株式購入＝出資するということですから、銘柄の企業が倒産して投資した資金が失われる可能性もあります。このようなリスクを**信用リスク**といいます。

②思うように売買できないことがある（流動性リスク）

金額やタイミングを自分で決めることができる、とメリットでお伝えしましたが、条件によっては希望通りにいかないことがあります。株価チャートなどを見てスムーズに売買できるタイミングや金額の予測を立てておかなくてはなりません。

また、買い手と売り手がいて取引は成立します。取引数の少ない銘柄では、なかなか相手が見つからずに売買に時間がかかることがあります。銘柄の取引量を**出来高**といいますが、出来高について、前もって調べておく必要があります。

▼株式投資にかかるコスト

株式投資では、二つのコストがかかることも忘れてはいけません。

一つは、株式を売買したときにかかる**売買委託手数料**《ばいばいいたくてすうりょう》です。株式は証券取引所で売買されますが、投資家は証券取引所と直接取引できず、証券会社に取引を委託するという形になります。取引ごとに証券会社に払うのが、この売買委託手数料なのです。

以前は、商品別に手数料金額が決められていましたが、1999年に自由化されてからは、証券会社ごとの料金設定に特色が出ています。特にネット証券は、価格を抑えたり、1日に何度取引しても同じ価格にしたりと売買委託手数料をお得に設定しています。ひんぱんに取引をする人ほど売買委託手数料の安さや設定で証券会社を選びましょう（↓P273）。

もう一つのコストは**税金**（↓P111）です。値上がりした株式を売却して得られる利益に税金（譲渡所得《じょうとしょとく》への課税）が約20％かかります。配当金を受け取ったときにも、税金（配当所得への課税）が約20％かかります。

▼株式投資の最終目標はトータルリターンでプラスになること

株式投資で得られる利益には、キャピタルゲインとインカムゲイン（↓P79）がありますが、どちらを重視すべきかといえば、キャピタルゲインです。継続して保有していれば得られるインカムゲインも魅力的ではありますが、キャピタルゲインのほうがインカムゲインの総額を上回ることがふつうです。

したがって、**「安く買って高く売ること」が株式投資の基本**となります。

とはいえ、配当金を無視しろというわけではありません。株価に対して配当金の割合が高い**高配当株**や、配当金が連続して増えていく**連続増配株**に注目するのも銘柄を選ぶ一つの方法です。「愛用している商品があるから」「事業の事業方針や理念に賛同しているから応援したい」という理由で、投資する銘柄を選ぶのもいいでしょう。

ただ、最も重要なのは、キャピタルゲイン、インカムゲインの合計、すなわち、トータルリターン（↓P81）**でプラスに持っていくこと**です。

▼投資初心者は少額投資が無難。個別銘柄は慣れが必要

株式投資のメリットとリスクを考えたとき、投資初心者が何の勉強もせずに、個別銘柄への投資を始めるのは危険です。本格的に株式投資に参入するのなら、いくつかの分析手法（↓P154）も身につけておきたいし、また、保有する株式の企業だ

けではなく、業界や政治・経済など幅広く最新の情報を知ることが求められます。

したがって、**後述する投資信託の商品選び、運用を通してリスクのある金融商品の性質について学び、そして経験を積み、投資に回せる資金が増えてきたら、そこで本格的に株式投資に向き合うのが現実的です。**

ウェブの記事やブログで株式投資の成功談を読むと、いとも簡単に値上がり銘柄を見つけて確実に増やしているように見えます。しかし、株式投資では個別銘柄ごとのトータルリターンはマイナスになる銘柄もよくあります。経験を積みながらプラスの銘柄でリターンを増やし、マイナスの銘柄を減らしていく、そんな胆力をつけるにはある程度の資金も必要です。

では、投資初心者が株式投資を始める際、どういったスタンスで臨むべきでしょうか。

わざわざ元本が割れるかもしれないのに投資を検討するのは、自分の資産を経済活動に参加させ、価値を高めたり、維持したりすることを期待するからです。配当金のしくみは、せっかく運用に回した資金が先に返ってきてしまう側面もあります。

配当金はなくても、株価がしっかり上がっていくことが期待される銘柄に長期運用の目線で投資するという選択もあります。

また、一般的には株式投資では「損切り」（↓P60）の目安を決めておくことが大切ともいわれます。「株価が30％下落したら売る」などのルールを決めておき、下落し続ける銘柄を持ち続けないようにするための方法です。しかし、売却すると、また何らかの有望な銘柄を見つけて投資をしなければなりません。人のお金を預かり運用する機関投資家とは異なり、個人の投資家は短期間での運用成績を多くの人に説明する責任もありません。個人投資家は無理に損切りせず、「株価が再浮上するまで持ち続ける」という戦略をあえて選ぶこともできるのです。

株式投資でも最初のうちは長期運用を視野に入れて銘柄を選んだほうが初心者には取り組みやすいといえます。最初の頃は、金額を限定して一つか二つの銘柄に絞り、投資のサブ的な位置付けで取り組むのがよいでしょう。手数料がお得な証券会社を選び、運用益が非課税になるＮＩＳＡの活用も大切です（↓P213〜）。

Column

投資判断に必要な分析手法と投資手法

▼売買の判断は二つの分析手法を併用する

株式投資では、このコラムで紹介する分析手法と投資手法を最低限マスターしておく必要があります。用語の意味だけでも押さえておきましょう。

株式購入の判断の手法として、「テクニカル分析」と「ファンダメンタルズ分析」があります。

テクニカル分析では、1日・1週間・1か月といった期間の株価の動きをグラフ化した「チャート」と、価格ごとに売り手の数や買い手の数を示した「板」を見て、売買の判断をします。チャートで現在の株価が割安か割高かを確認し、板でいくらで売買したい人がいるかを推測します。

ファンダメンタルズ分析は、主に企業の財務状況を測る指標を参考にします。よく使われる指標として、PER、PBR、ROEがあります。**PER**は、株価が一株あたりの純利益の何倍になっているかを示す株価収益率のことで、数字が小さいほど割安です。**PBR**は、株価が一株あたりの純資産の何倍になっているかを示す株価純資産倍率のことで、数字が一に近い小さい値であるほど割安で、一を切ることもあります。**ROE**は、PBRをPERで割って算出します。数が大きいほど資金が有効に事業に投資されていることを示す指標です。

「テクニカル分析」は短期から中期の投資に、「ファンダメンタルズ分析」は中期から長期の投資に向く手法とされています。

▼2つの投資手法　バリューとグロース

投資の判断基準にはさまざまな視点がありますが、「バリュー」と「グロース」という概念も知っておくとよいでしょう。

バリュー投資は、企業の業績を加味して、今の株価が持っている価値より割安な銘柄（バリュー株）を中心に投資します。**グロース投資**では、今後成長しそうな企業銘柄（グロース株）を中心に投資します。

Column

初心者がしてはいけない投資 信用取引

▼大きな利益を得る可能性があるレバレッジ取引

株の取引の方法には、大きく二つあります。

一つは、**取引口座にある資金の範囲内で株式を売買する現物取引**。もう一つは、**自分が持っているお金や株を担保に、自己資金以上のお金を証券会社から借りて売買する信用取引**です。後者のような自己資金以上の取引ができるしくみを、「てこの原理」の意味で**レバレッジ取引**といいます。

信用取引では、自己資金の最大約3倍のお金を借りて取引することができます。現物取引では自己資金10万円で買った株が1・5倍値上がりして15万円になると、利益が5万です。信用取引では、自己資金10万円でも3倍の取引（30万円）ができるので、先ほどと同じように株が1・5倍値上がりすると45万円になり、利益は15万円になります。

▼大きな負債も出る恐れ・期限内に返済する決まり

このように株価が上がれば良い結果がでますが、逆に株価が下がった場合は損失も大きくなります。

たとえば、10万円で株を買い、株価が半分になった場合、現物取引では5万円の損失となり、5万円の自己資金が残るので負債は0円です。信用取引では、10万円の自己資金で30万円の取引ができますが、株価が半分になると15万円の損失になり、5万円の負債を抱えることになります。

信用取引は、返済期限を決めて証券会社から資金や株式を借り、利益を狙う取引です。期限内に証券会社に資金や株式を返済しなければなりません。つまり、ある銘柄を買った場合は、どんなに下がっていても期限内に売る決まりです。ある銘柄を売った場合は、どんなに上がっていても期限内に買い戻さなくてはなりません。そのため、長期的な投資方法としては考えにくいです。

Column

▼経験が浅い投資初心者は取引基準に満たないかも

信用取引では、**証券会社から借りた株式を売ることから始めて、値が下がったところで買い戻す信用売り（空売り）**という方法もあります。値下がり局面でも利益が狙えるので、投資手法の入門書や入門サイトでも取り入れるべきだと紹介しているものがあります。ただ、信用売りでは株価が売ったときより値上がりすると損失が発生し、しかもいくら値上がりしていても期限内に買い戻す必要があります。

信用取引は手持ちの資金が少なくても自己資金の約3倍の取引ができ、株価が思惑通りに推移すると、大きな利益を得ることができます。反面、判断を誤ると損失も大きく、負債を抱える可能性もあります。

このように「ハイリスク・ハイリターン」な取引方法なので、ほとんどの証券会社は、信用取引をする顧客に対して投資経験や資金の基準を設けています。経験や資金の不足している投資家は信用取引ができないというわけです。**投資初心者は、まず自己資金内での取引、つまり「現物取引」のみを考えるべきです。**

信用売り（空売り）のしくみ

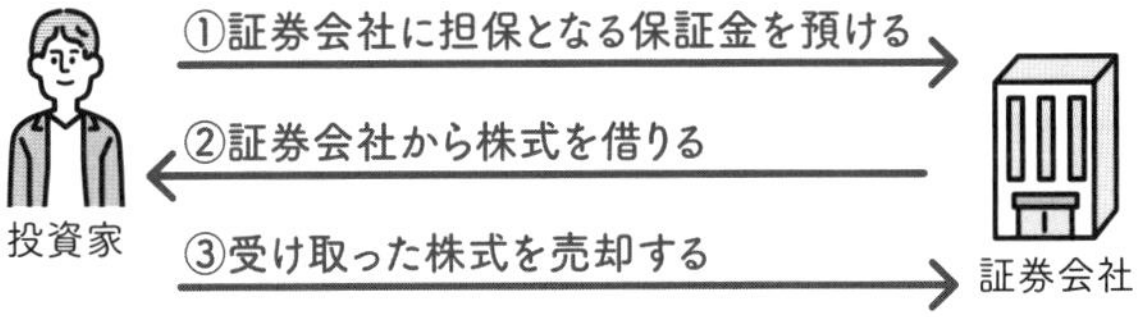

◉株価が値下がりすると利益が出る

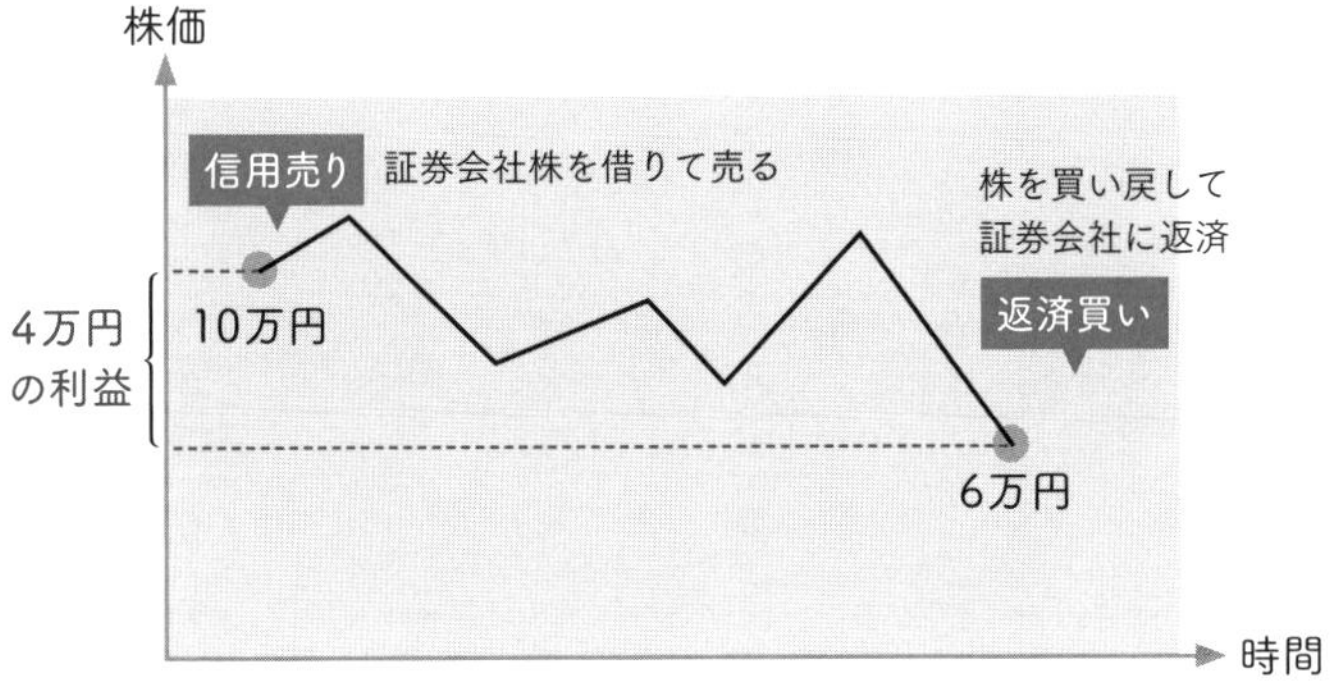

◉株価が値上がりすると損失が出る

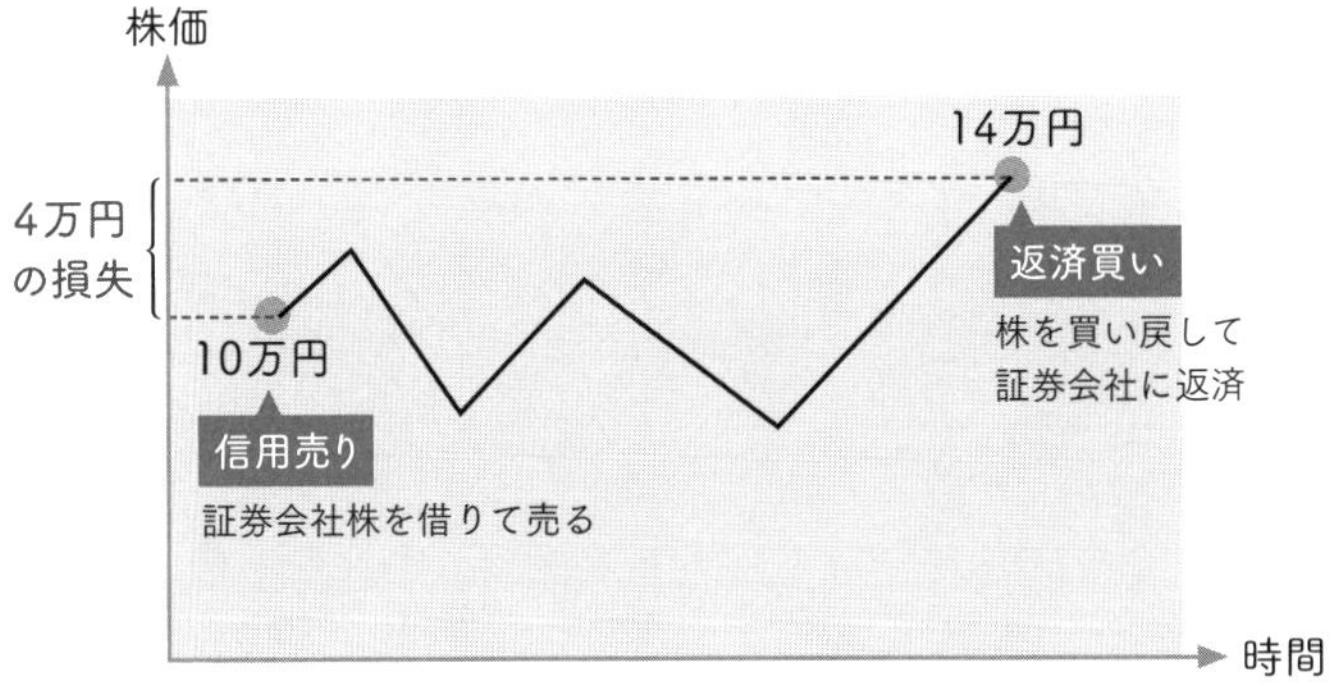

07

投資信託①リスク軽減のために運用のしくみを知る

▼株式や債券の詰め合わせ　一つ買うだけで分散投資できる

これまで債券と株式の投資について見てきました。債券と株式はアセットクラス（→P69）が違います。投資のリスクを分散するためにも、自分の理想とするアセットアロケーション（→P71）を決めたうえで、債券と株式をそれぞれ複数保有して分散投資をしておくのが理想です。

しかし、株式も債券も、たくさんの種類を買って分散投資をしようとすると、それだけ資金が必要になります。債券は、個人向け国債や外国債は購入しやすい価格ですが、社債は50万円や100万円などのまとまった金額が必要です。株式では、少額で投資ができる方法もあるとはいっても、単元株なら1銘柄あたり数万円かかります。

それに自分で株式や社債を購入する場合、豊富な商品の中から何の銘柄を、いつ買うかなどを判断しなければなりません。いきなり証券会社のサイトをのぞいても戸惑うばかりでしょう。戸惑いを覚える状態なら株式投資などリスクの高い商品には手を出さないほうが無難です。

そのような知識・経験に不安がある方は、少額から始められ、分散投資もでき、投資の勉強にもなる「投資信託」からスタートするのがおすすめです。

投資信託は、**投資家から集めたお金を、運用の専門家が債券や株式、不動産などのいろいろな種類の金融商品に投資して運用する商品の総称**です。「投信」「ファンド」とも呼ばれます。

投資信託には、いろいろな種類の金融商品がミックスされています。一つの投資信託の中に、少しずつ、さまざまな特徴を持った金融商品が詰め合わせになっているということです。金額も最近では100円程度から購入できるものもあります。

なぜこのようなことができるのでしょうか。

それは、個人の投資額がたとえ数百円であっても、全体として多くの人から数億円規模のお金を集められれば、さまざまな株式や債券に投資できるからです。投資家はたくさんの種類の金融商品を、投資した額の分だけ保有することになります。

投資信託の中身を検討する必要はありますが、購入するだけで分散投資ができ、運用はプロに任せておけばいいのです。投資信託は投資の初心者が始めやすいと言われる理由はこの点にあります。

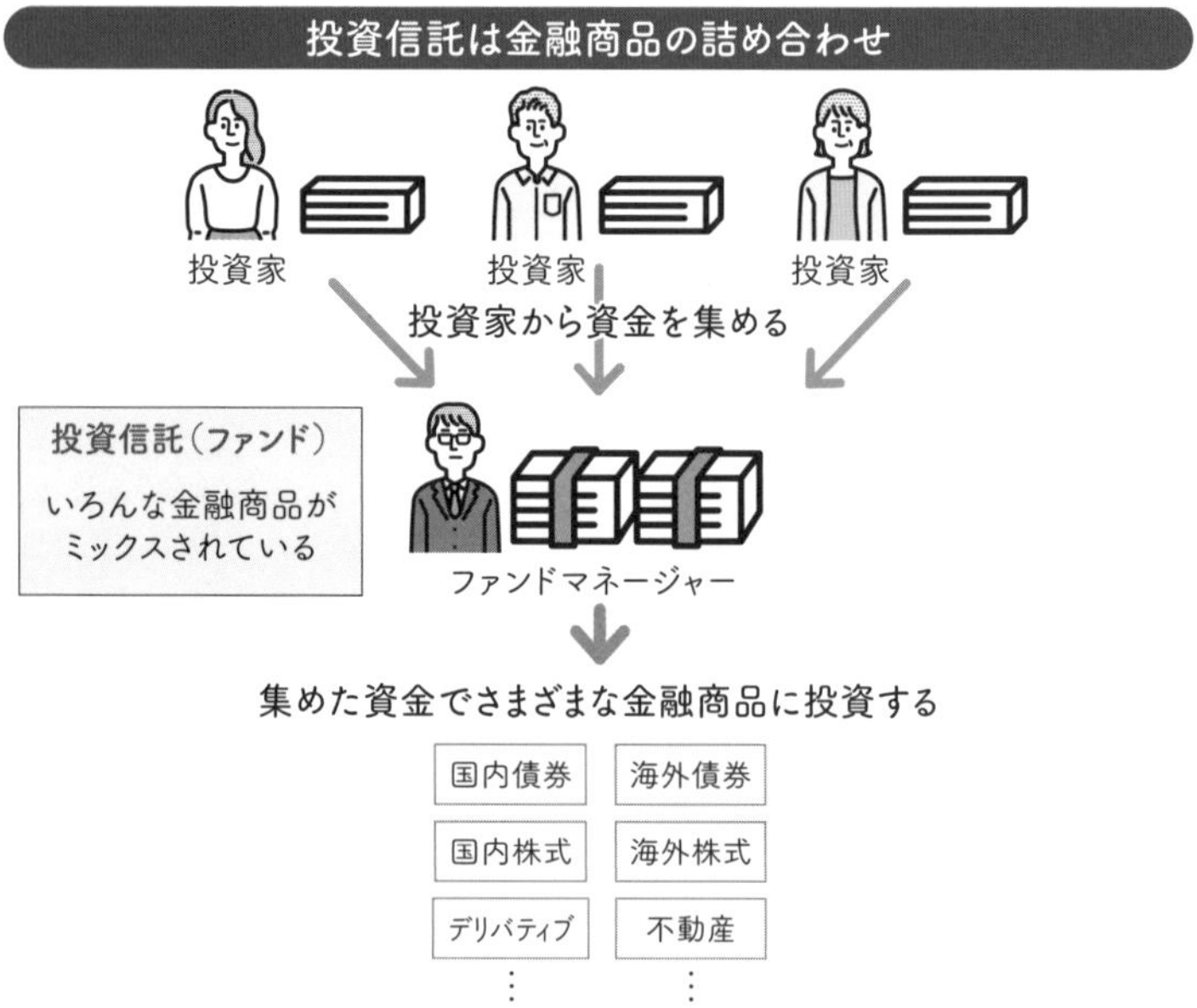

▼運用のしくみ 運用に関わるのは三者

次に投資信託はどのように運用されているのかを説明します。投資初心者が始めやすいとはいえ、運用のしくみ、リスクとリターンの特徴といった基本的な知識は必要です。後述しますが、投資信託ではその商品がどういう構成になっているかを示す**目論見書**《もくろみしょ》があります（↓P170）。それを読んで自分でリスクとリターンの要因を判断できるレベルになることが大切です。そういった知識なく、「ウェブでおすすめと書いてあったから」という理由で商品を選ぶのはやめてください。

投資信託の運用には、販売する人、設計する人、実行する人の三者がいます。銀行や証券会社は「販売する人」。個人投資家との窓口となって、投資を行うための口座を提供する**販売会社**です。

投資信託商品を作って運用方針を決めているのが**運用会社**で、「設計する人」です。運用会社には資産運用の専門家である**ファンドマネージャー**が在籍しています。運用会社は販売会社を通じて投資信託を販売するケースが多いのですが、販売会社を通さずに直接投資家に商品を販売する独立系の運用会社もあります。

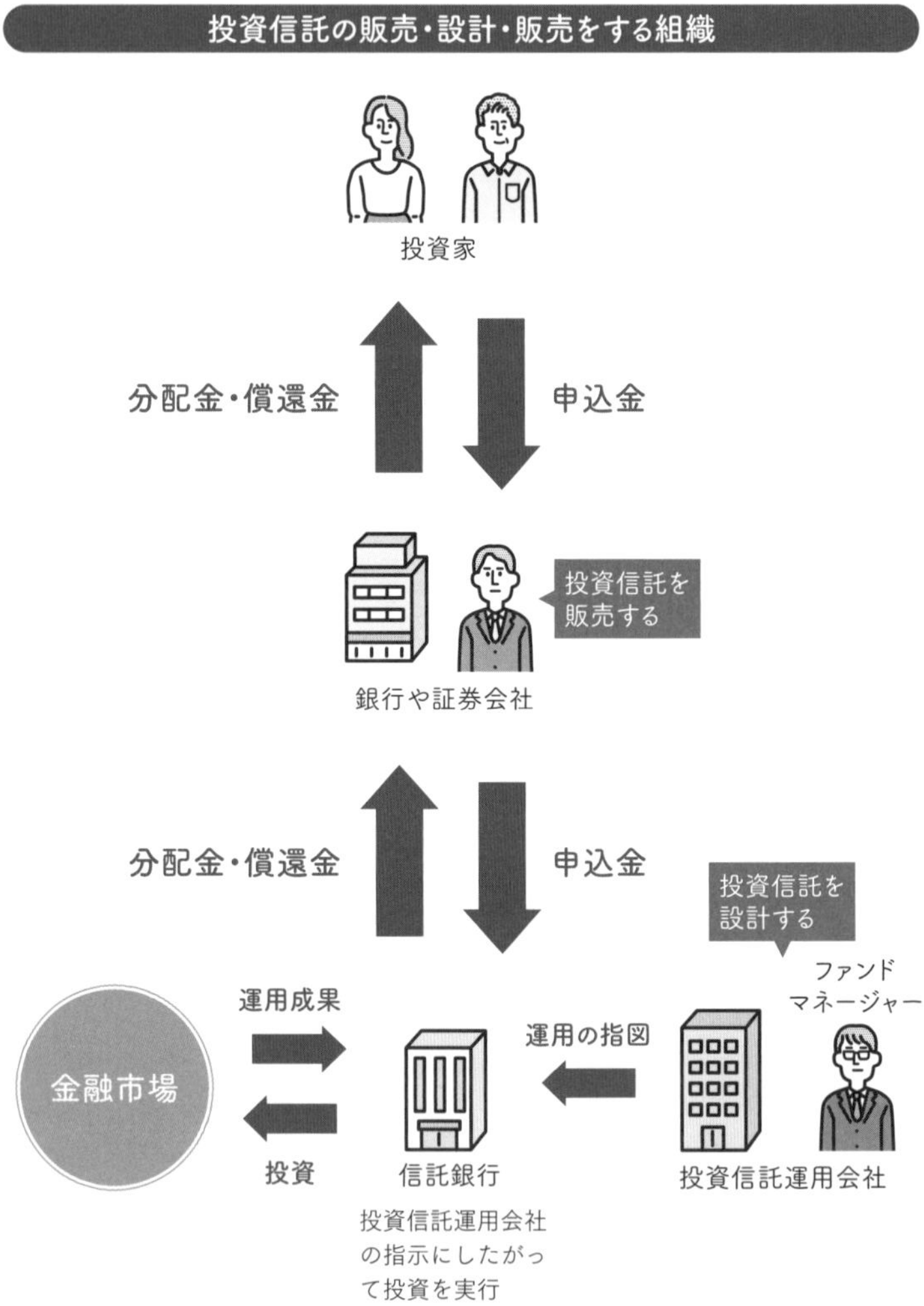
投資信託の販売・設計・販売をする組織
投資家
分配金・償還金
申込金
投資信託を
販売する
銀行や証券会社
分配金・償還金
申込金
投資信託を
設計する
ファンド
マネージャー
運用成果
運用の指図
金融市場
投資
信託銀行
投資信託運用会社
投資信託運用会社
の指示にしたがっ
て投資を実行

個人投資家から預かった資産を管理し、運用会社のファンドマネージャーの指示にしたがって実際に投資しているのは、「実行する人」である**信託銀行**です。信託銀行が投資家から預かった資産を管理しているので、もし銀行や証券会社、運用会社が破綻（倒産）しても、資産に影響はありません。また信託銀行は、投資信託で預かった資産をその運用以外に使ってはいけない決まりになっています。企業への貸し出しなどには一切使われません。したがって、仮に信託銀行が破綻しても、運用結果通りの金額が返ってきます（そのときの運用成績によっては元本割れのときもある）。投資信託は、金融機関の破綻の影響を受けない商品といえるのです。

▼投資信託の値段「基準価額」は1日1回決まる

投資信託の単位は「口《くち》」です。通常は1口＝1円で運用をスタートすることが多く、そのときに投資信託を1万円分購入すると、1万口保有することになります。その後、運用した結果1口＝1・2円に増やせたとすると、保有している1万口は1万2000円になります。**このように動いていく1口または1万口あたりの投資**

信託の金額を、**基準価額**といいます。**証券会社では、1万口あたりの基準価額が表示されることが多い**です。

投資信託は複数の商品が組み合わさっていて、株式のように1銘柄の値動きを刻一刻と表示することができません。そのため、**投資信託の基準価額が決まるのは、1日1回**です。

投資信託を購入する際は、「○○ファンドを5000円分」というように金額を指定します。これを**金額買付**といいます。基準価額は翌日以降に反映されることが多いため、自分が取得できる口数は買ったときにはまだわかりません。このやり方を**ブラインド方式**といい、同様に投資信託を売るときも売った口数がわからないことになります。

なお、「○○ファンドを1万口分」と、口数を指定して購入することもできます。これを**口数買付**といいます。この場合も、購入時にはまだ正確な買付額がわからないので、口座には十分な金額を入れておかなければなりません。

ブラインド方式がなぜ採用されているかというと、たとえば購入価格をすでにわかっている前日の価格にすると、実際の価額よりも低い価額で販売されたり高い価額で換金（売却）されたりするおそれがあるからです。実際より高い価額で換金されると、保有を続けている人皆で持っている資産が実態より減ることになり、不公平になります。みんなで預けて運用を長く続けることで、一つの投資信託のグループの規模を大きくしていくような商品なので、売り抜けて得をするというようなことが起こらないようにしています。

▼投資信託で得られる利益　分配金はもらわないほうがいい

投資信託で得られる利益にも、キャピタルゲイン（↓P79）とインカムゲイン（↓P79）があります。キャピタルゲインは、**基準価額が値上がりしてから売却した場合に得られる値上がり益**です。

インカムゲインは、**運用して得られた収益が決算ごとに支払われる分配金**です。この分配金には注意してください。保有中に利益が入るという点では、確かにうれしいもの。しかし、長期的に見ると、その利益を再投資に回したほうが複利的な効果は大きいと期待されます。分配金は、運用のために投じていたお金が、早々に戻ってきてしまうようなものだと言えます。お得に見えて実は不利な可能性が高いのが、分配金を出すタイプの投資信託です。

分配金とよく似た名前の**特別分配金**にも注意してください。特別分配金は、**元本払戻金**のこと。つまり、元本を取り崩して支払われる分配金です。**分配金を支払うことを約束している投資信託では、思うように運用成績が上がらないと、元本を取り崩してでも分配金を支払う**のです。

定期的に分配金が入金されるので運用がうまくいっていると思って安心していたら、いつの間にか元本が3分の1に減っていた——。こんな失敗事例はよくあります。なお、分配金も特別分配金も、支払われるとその分基準価額は下落します。みんなで預けていたはずの資産から支払われてしまうためです。

このようなデメリットが知られてきたためか、分配金を出す投資信託は以前よりも減っています。分配金のある投資信託は避けて、分配金を出さずに収益を自動的に元本に組み込むタイプ、または、分配金を再投資に回すことを選べるタイプの投資信託を選んでください。

投資信託でのキャピタルゲインとインカムゲイン

◉売却益がキャピタルゲイン

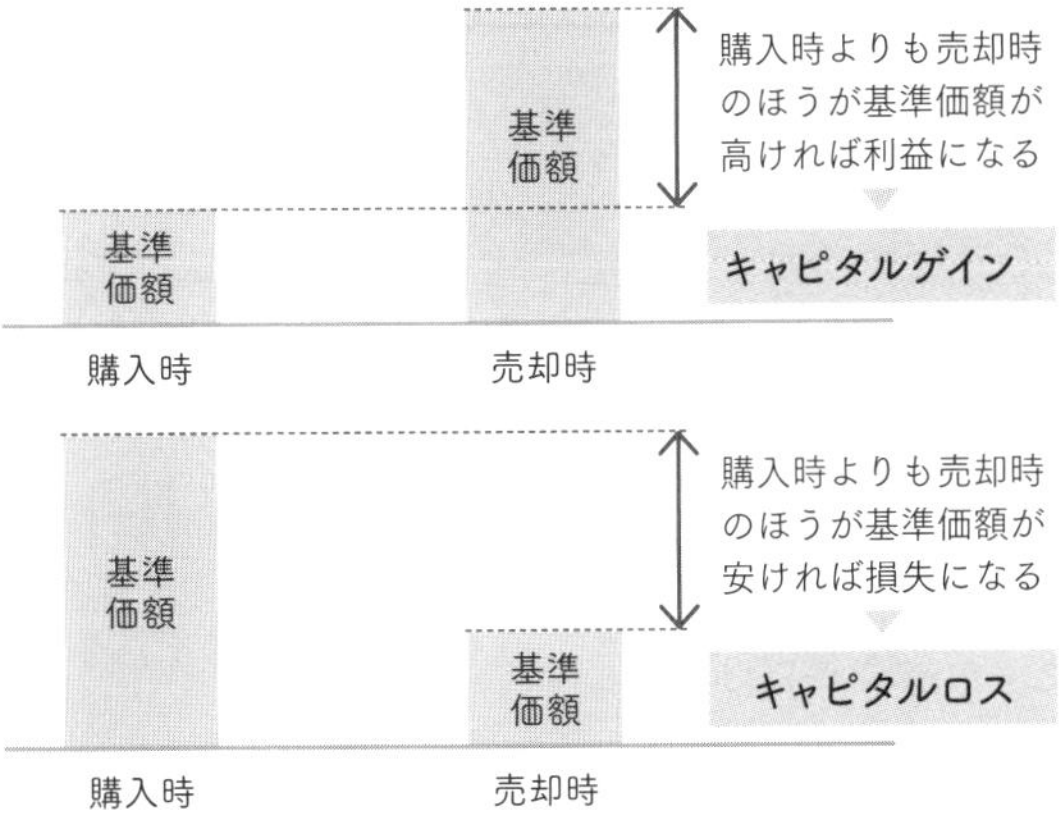

◉分配金がインカムゲイン

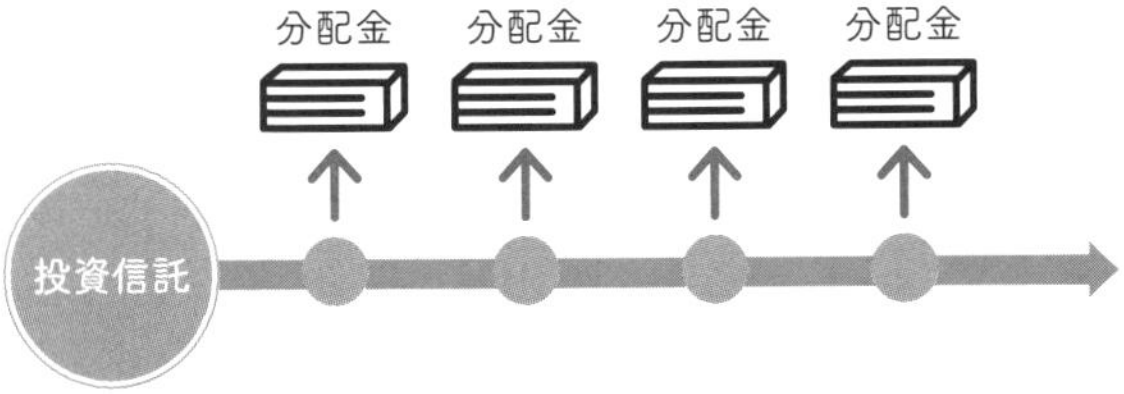

分配金は利益を先取りしていることになるので注意。
分配金を再投資したほうが有利になりやすい。

08

投資信託② 商品選びに必要な知識

▼投資信託を選ぶポイント

投資目的に沿った投資信託を選ぶためにも、これから自分が投資する商品がどんな特徴を持っているかを知ることは非常に大切です。

投資で成功するためには、始める前に一通りの基礎知識を習得しておくことが必要です。本節で紹介する商品選びに必要な知識もそうですが、覚えるのが難しい言葉が並びます。本書を傍らに証券会社のサイトを見ながら、覚えていきましょう。

さて、投資信託の特徴は、**目論見書**《もくろみしょ》という**その投資信託の基本情報、リスクなどを記した書類**に記されています。投資信託を購入する際には必ず目を通しておきたい資料です。最初は見づらいかもしれませんが、本書に書いてある項目をチェックすることから始めてください。

投資信託を選ぶときのポイント

このA～Dで商品の種類がざっくりとわかる。

チェックすべき	内容
A 商品の性質 (アセットクラス)	債券(公社債) 株式 その他(不動産、コモディティー) 日本のみ 先進国 新興国 国内外両方
B 運用方針	インデックスファンド(パッシブ運用) アクティブファンド(アクティブ運用)
C 運用方式	ファミリーファンド ファンド・オブ・ファンズ
D 購入時期 (運用期間)	オープン型(いつでも買える) ユニット型(買えるときが決まっている)
その他	分配金の再投資型かどうか 純総資産が多いかどうか

▼投資信託の性質がわかるアセットクラスを確認する

投資信託を選ぶ際は、その中身がどんな性質を持っているかが重要な判断材料になります。どのアセットクラス（↓P67）がどのくらいの割合で詰め合わさっているのかで、投資信託の性格が変わってくるのです。

債券のみを組み込んでいるのか、債券以外に株式を組み込んでいるのかだけでも大まかな性格が変わります。

債券は株式に比べて変動幅（リスク）は少ないです。そのため、**債券のみを扱う投資信託**である**公社債《こうしゃさい》投資《とうし》信託《しんたく》**は、大きな利益を期待するのではなく、比較的安心して持ちたいときの選択肢になります。リスクとなる要因は、債券のリスクと同じ傾向になります。日本以外の先進国や新興国の債券を組み込んでいる商品には為替リスクがありますが、利回りは高いことが多いです。

債券に加えて株式を組み込んだ（あるいは株式を組み込めることになっている）

株式投資信託の場合、変動幅（リスク）は大きいものの、大きな利益を得られる可能性があります。**日本株、先進国株、新興国株の順にリスクは大きくなる**ので、日本株がメインか外国株がメインかで覚悟すべき値動きは大きく違ってきます。新興国株がメインになっている商品はエマージングと呼ばれることもあり、激しい値動きを覚悟して購入することになる商品です。

アセットクラスは、債券と株式による六つのカテゴリーの他に、不動産や商品（コモディティ）もあります。国内の不動産の投資信託は**J-REIT**《ジェイリート》（Japan-Real Estate Investment Trust）と呼ばれます。不動産を運用している不動産投資法人の証券を購入することで、オフィスビルやマンションなどの複数の不動産に投資をし、不動産の賃料や売却益が分配されるというしくみです。金、小麦、とうもろこし、エネルギーなどの商品（**コモディティ**）を詰め合わせた投資信託もあります。

不動産や商品（コモディティ）は投資初心者には難しい商品ですが、投資信託になると値段もお手頃になってハードルが下がります。債券や株式とは性格が異なり、違った値動きをすることから、メインにはしなくても、リスク分散のために持っておくということもしやすくなります。

▼資産や市場を複数配分するバランス型投資信託

実際、どのように購入するのかというと、あらかじめ自分のポートフォリオ（→P106）を作っておき、それに合わせて投資信託を複数購入するのが基本です。たとえば、日本株式25％、先進国株式25％、国内債券25％、先進国債券25％というポートフォリオを作ったとしたら、日本株式投資信託、先進国株式投資信託、国内債券投資信託、先進国債券投資信託をそれぞれ1：1：1：1の割合で購入（例：それぞれ5000円ずつ購入）すればいいのです。

しかし、投資信託は国内では約6000本もあると言われています。一つの証券会社に絞っても数えきれないほどある中から、何本も投資信託を選ぶのは、初心者にとっては至難の業です。

そうしたときの選択肢として持っておきたいのが、**バランス型投資信託**（バランス型投信）です。債券だけ、株式だけ、国内市場だけというのではなく、**債券や株式、国内市場や国際市場などをあらかじめ決めた配分で組み合わせている投資信託**です。前の例だと、日本株式、先進国株式、国内債券、先進国債券に1：1：1：

1の比率で投資して運用しているバランス型投信があれば、その1本を購入するだけで理想の資産配分を実現できます。

自分の立てたポートフォリオに不安があって商品選びに悩むようなら、**リスクを選択の基準にしてバランス型投信を1本購入してみるのがおすすめです。**安全性を重視して増やしたいのであれば国内債券の割合が多いもの、多少のリスクをとっても積極的にリターンを狙いたいなら外国の株式を中心に、といった具合にです。

バランス型投信のもう一つのよい点は、約束した通りの配分を維持してくれるところです。自分で投資信託を組み合わせて購入していると、たとえば国内株式は順調に増えているが先進国債券が思ったほど伸びず、いつの間にか両者の配分が変わっている、というようなことが起こります。この点、バランス型投信は、資産配分が変わらないように売買で調整してくれるのです。

バランス型投信の欠点は、手数料の一つである信託報酬（↓P188）が高くなる傾向があること。ただし、近頃は信託報酬が安いバランス型投信も増えているため、投資初心者が最初に検討すべき商品の一つともいえます。

▼投資初心者ならインデックスファンドで

投資信託の運用方針については、インデックスファンドかアクティブファンドかをチェックします。

インデックスファンドは、**代表的な経済指数（インデックス）に連動した運用を目指すもの**で、**パッシブ運用**とも呼ばれます。代表的な経済指数には、次のようなものがあります。

TOPIX（東証株価指数）……日本の上場企業を広い範囲で網羅する株価指数。
日経225……日本経済新聞社が指定する代表的な225銘柄を対象とした指数。
S&P500……米国の格付け会社S&Pが提供する米国の主要銘柄の株価指数。
MSCI ACWI……米国MSCI社が提供する世界全体の株価指数。

アクティブファンドでは、インデックスを上回る運用成績を目指して運用会社が独自に企業研究を行い、投資先企業を選びます。**アクティブ運用**とも呼ばれます。

インデックスファンドとアクティブファンド、**投資の初心者はまずどちらを中心に始めるのが無難かといえば、次のような理由でインデックスファンド**です。

①手数料が安い
②値動きがわかりやすい
③投資知識がなくても始めやすい
④運用成績が平均的によい

①インデックスファンドは、経済指数に連動させればいいので、ファンドマネージャーの力量や手間の影響が少なく、その分商品を保有している間にかかる信託報酬が安い傾向にあります。

②インデックスファンドは、対象となる経済指数とほぼ同様の値動きをすることを目指しています。たとえば日経平均株価との連動を目指すファンドなら、毎日ニュースを見ていれば値動きもおおよそ見当がつきます。

③特定の経済指数への連動を目指しているため、その経済指数に関わるほとんどの銘柄を保有しています。だから、一つのインデックスファンドを買うだけで、広

範囲に代表的な企業への分散投資ができます。たとえば、S&P500指数に連動するインデックスファンドに投資すれば、アメリカの代表的な500企業に投資する効果があります。

個別で投資しようとすると、銘柄を選ぶための知識や時間、資金が必要ですが、インデックスファンドを利用すれば、手軽に分散投資を始めることができます。

④インデックスファンドは、平均すると多くのアクティブファンドよりも実績がよいとされています。アクティブファンドの運用成績はファンドマネージャー次第。経済指数を上回る高い成果が出ることもありますが、高い手数料を上回るパフォーマンスが必要なため、損失が出ることも多いです。投資初心者は、上がり続けるアクティブファンドを探すことに時間をかけるよりも、まずはインデックスファンドを購入して資産形成を始めるほうが成功しやすいといえます。

インデックスファンドのデメリットは、あくまでも市場の平均を目指すファンドなので、市場平均以上の利益が出るものではないということ。また、特定の業界を応援するつもりでの投資は難しいといえます。

このようなことを踏まえて、インデックスファンドを選ぶ場合は、どの経済指数に連動させた商品なのか、よく調べて購入すべきです。**気になるファンドをいくつかチョイスし、それぞれを比較してみると、アセットクラスによってリスクやリターンがどのように違うのかが見えてきます。最初は面倒ですが、そのうちだんだんとチェックすべきポイントがわかってきます。**

▼アクティブファンドは一部を組み込むことから始める

アクティブファンドは、経済指数以上のパフォーマンスや運用成績を目指して独自に企業調査などをするため、どうしても信託報酬が高くなる傾向があります。ただし、いくらプロが分析しても、投資で勝ち続けるのは難しいとされています。手数料は確定しているにもかかわらず、常に手数料以上の高い運用成果が出るかどうかがわからないのです。それでもアクティブファンドが気になる、リスクを承知で高い利益を狙いたいという投資初心者には、インデックスファンドをメインとしながら、一部のみアクティブファンドを組み込む、という選択肢がおすすめです。

インデックスファンドとアクティブファンド

インデックスファンド（パッシブ運用）	・インデックスとは日経平均株価やTOPIX（東証株価指数）など株価や債券の指数のこと。インデックスに基準価額が連動するような運用を目指す投資信託のこと。 ・指数の構成比に合わせて構成銘柄を組み入れるため、銘柄を選ぶための情報収集に比較的手間がかからない。そのため手数料は抑えられる傾向がある。 ・投資初心者の最初の選択肢に向いている。
アクティブファンド（アクティブ運用）	・インデックスを上回る運用成績を目指して運用会社やファンドマネージャーが独自に研究を行い、投資先企業を選ぶ。 ・銘柄の入れ替えや情報収集などにコストがかかるため、インデックスファンドに比べて信託報酬が高めに設定されている。 ・高い手数料を上回るパフォーマンスが必要なため、損失が出ることも多い

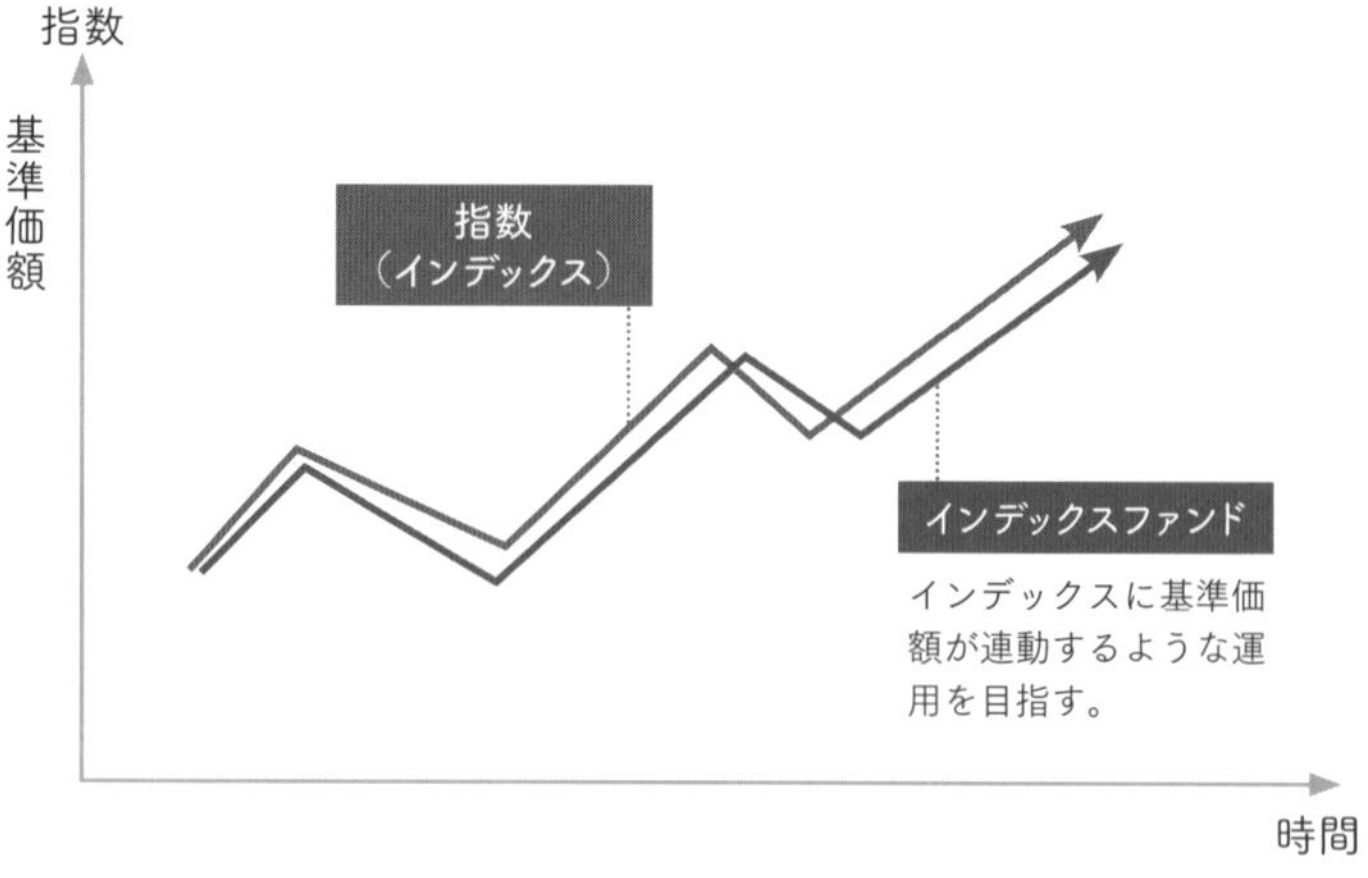

▼ファミリーファンドかファンド・オブ・ファンズか

運用方式にも注目してみましょう。

私たち投資家が購入する投資信託の中には、運用の大枠は同じでも、決算回数や為替ヘッジの有無など諸条件に細かな違いがあって、商品のバリエーションが増えていることがあります。このとき、それぞれの投資信託で運用を続けるよりも、大枠の方針が似た投資信託を取りまとめて運用したほうが効率が良いと考えられます。こうした考え方から運用されているのが**ファミリーファンド**方式です。

直接購入できる諸条件が異なる投資信託を**ベビーファンド**、とりまとめて運用している本体の投資信託を**マザーファンド**と呼びます。ファミリーファンドは、同じ運用会社だからこそできるしくみです。

一方、**複数の投資信託に投資する投資信託**を**ファンド・オブ・ファンズ**といいます。さまざまな商品が詰まった投資信託の複数に投資するわけですから、さらなる分散効果が期待できます。運用会社が異なる商品を組み込むこともできます。しかし、投資信託の手数料は二重にかかり、信託報酬は高めになる傾向があります。

ファミリーファンドとファンド・オブ・ファンズ

◉ファミリーファンド

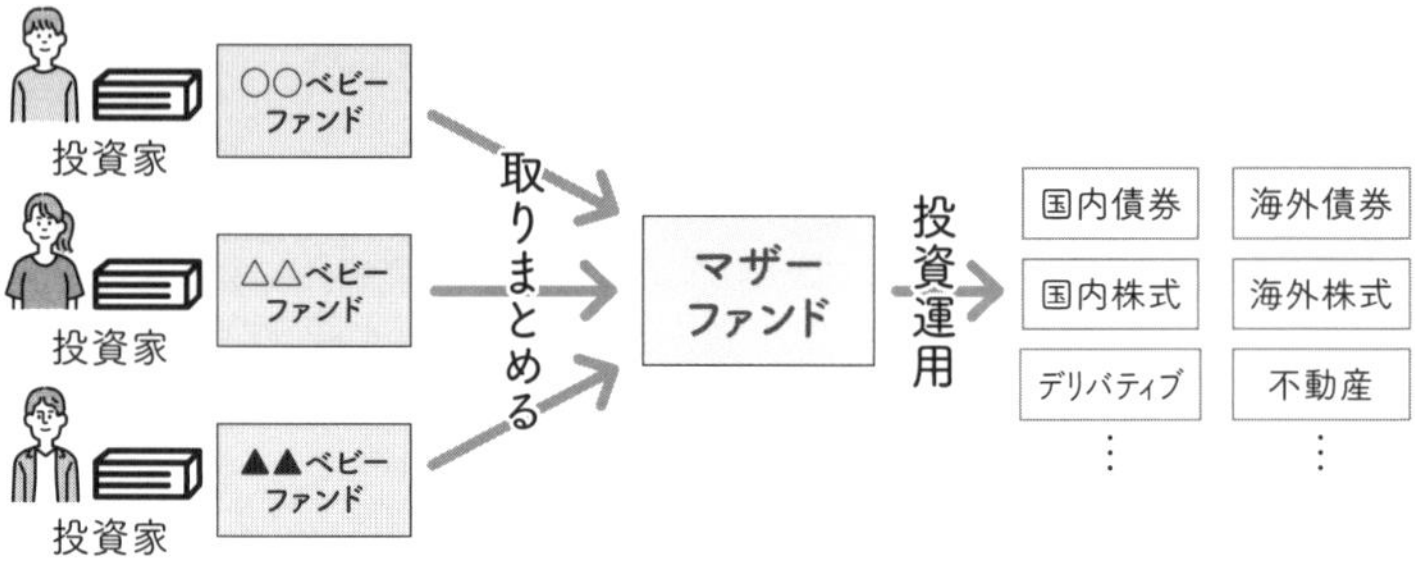

運用の大枠は同じでも、決算回数や為替ヘッジの有無など細かな違いがあるファンド（ベビーファンド）を取りまとめてマザーファンドにして運用する方式。

◉ファンド・オブ・ファンズ

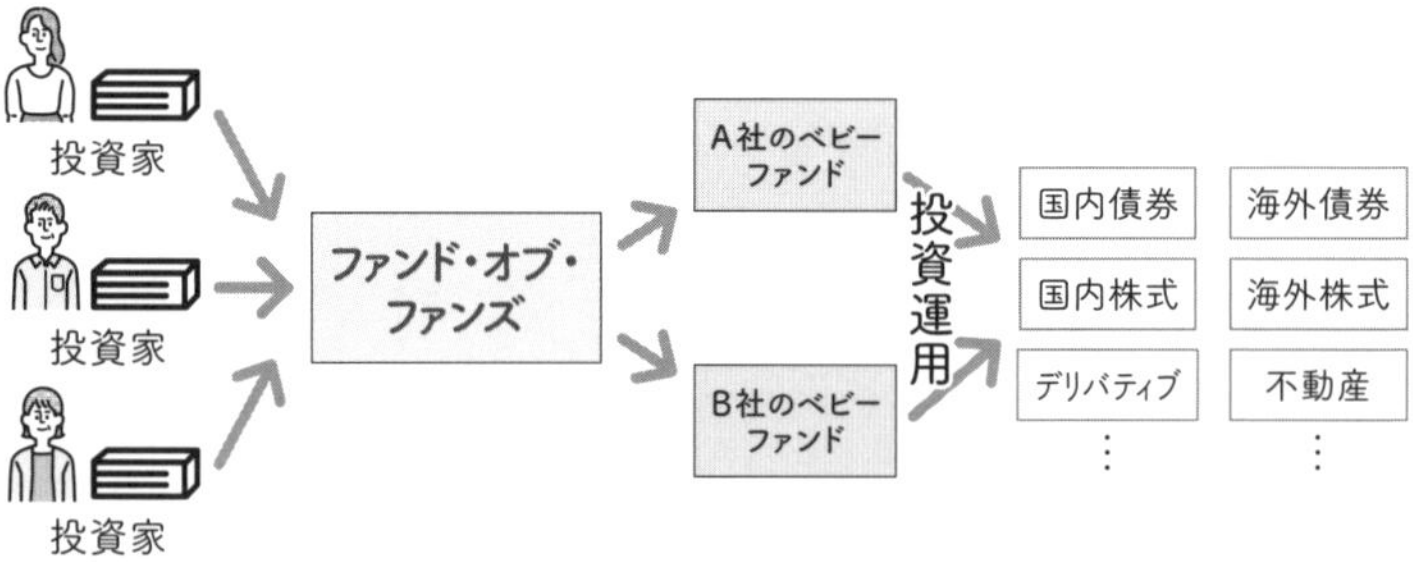

複数の投資信託に投資する方式。分散投資されている投資信託をさらに分散することで分散効果は高まる。投資信託の手数料は二重にかかり、信託報酬は高めになる傾向がある。

▼いつでも買えるオープン型が主流

投資信託には、いつでも購入できるものと、決められた募集期間中に購入しなければならないものとがあります。いつでも購入できる投資信託を**オープン型投資信託**または**追加型投資信託**といいます。募集期間中に購入する投資信託を**ユニット型投資信託**または**単位型投資信託**といいます。

現在の主流は、いつでも購入できて、投資を途中で増やすことも解約して換金することもできるオープン型投資信託です。

なお、**オープン型投資信託は運用期間（満期）が無期限のものが多く、満期があったとしても10年以上の長期であることが一般的**です。

一方、ユニット型投資信託は募集期間中にしか購入できない商品で、クローズ型とも呼ばれています。運用期間（満期）が決められており、その多くは運用開始後一定期間は解約できません。**満期が来ること**を**償還**《しょうかん》と呼び、償還日が来ると運用成果に応じて換金されます。

通常は、オープン型の投資信託を対象に投資していくことになるでしょう。

▼再投資型かどうか・純総資産額も選ぶ決め手に

前述したように、利益を分配する投資信託は、長期保有では不利になります。**同じ商品で利益などを受け取る（分配する）か再投資するかを選べるようになっている場合は、もちろん再投資を選んでください。**

また、気になる商品がいくつかあってどれも似た特徴のものなら、長期運用を前提にしている場合は、純資産総額が高いものを選んでください。純資産総額が極端に少ないと、運用が続かない恐れがあります。純資産総額が減り続けているのは、繰上償還といって当初の満期や無期限の信託期間が早まり運用が終了してしまうサインか、あるいは、そもそも満期が近づいているのかもしれません。

純資産総額が10億円以上あるかどうかが一つの目安になります。

▼名前を見ると商品の性質がだいたいわかる

ここまでの説明したことが理解できたら、ファンド名からアセットクラス、商品の内容、運用方針がだいたいわかるようになります。

たとえば、「ニッセイTOPIXインデックスファンド」という名前の投資信託は、「日本の上場株式を広くカバーするTOPIXの動きに連動する投資成果をめざして運用を行う商品（ニッセイは運用会社名）」だとわかります。

「JPM日本株・アクティブ・オープン」は、「運用会社が独自に日本の銘柄を選んで運用するアクティブ型で、いつでも買えるタイプ（オープン）のファンド（JPMは運用会社名）」ということになります。

投資信託はとにかく数が多いので、商品選択だけでも大変手間がかかります。**ポートフォリオにあわせて、ファンド名から商品を絞り込み、それぞれのファンドの内容を調べて、さらに絞り込む、といった手順で商品を選んでください。**

09

投資信託③ かかるコストも把握しよう

▼投資信託にかかる手数料

投資信託では、どれくらいの手数料や税金がかかるかを見ていきます。

投資信託でかかるコストには、次の三つがあります。

①購入手数料（販売手数料）
②信託《しんたく》財産《ざいさん》留保額《りゅうほがく》
③信託《しんたく》報酬《ほうしゅう》

では、順番に説明してきます。

①の**購入手数料**は、**証券会社などの販売会社から投資信託を購入するときに、販売会社に支払われる手数料**です。**購入金額の0〜3%くらい**が一般的です。1万円の投資信託を購入すると、0円〜300円ほどかかることになります。

購入手数料は購入時の1回きりですが、元本から購入手数料を差し引くと、実質は元本割れの状態から投資を始めることになります。

また、購入手数料が無料の投資信託を**ノーロードファンド（ノーロード）**といい、最近増えてきています。ただ、ノーロードファンドでも、このあと説明する信託報酬が高い場合があるので、手数料全体で見る必要があります。

これら手数料は販売会社ごとに異なりますから、同じ商品であれば、手数料が安い販売会社で買えると有利です。一般社団法人 投資信託協会のウェブサイト「投信総合検索ライブラリー」では、該当の投資信託の販売会社ごとの手数料を確認することができます。商品選びの際にチェックしましょう。

②売却時にかかるのが**信託財産留保額**《しんたくざいさんりゅうほがく》で、**売却額の0・1〜0・5%**ほどです。
1万円で売却した場合、10〜50円かかる計算になります。

信託銀行などに支払われるものではなく、売却して現金化する際にかかるコストを、売却する投資家自身が負担するという意味合いです。信託財産留保額も無料となる商品があります。購入手数料と同様に、購入前に確認してください。

③保有している間にかかる手数料が**信託報酬**です。信託報酬は、販売会社、運用会社、信託銀行の3社に分配して支払われます。
信託報酬額は、預けている資産の約**0・1〜1・9%**程度（年間）です。

国内株式の投資信託の場合、インデックスファンド（→P176〜）で0・5%、アクティブファンド（→P176〜）で1・5%程度が一般的です。

アクティブファンドは運用の手間がかかるため、信託報酬が高くなります。最近では、国内株式のインデックスファンドで信託報酬が0・2%未満のものも増えてきています。


購入手数料や信託財産留保額が無料のものはあっても、信託報酬は通常はかかり

ます。似たような投資信託なら、少しでも信託報酬が少ないものを選んでください。その基準として「信託報酬0・2％」を一つの目安にするとよいでしょう。

▼保有している間かかり続ける信託報酬に注意！

三つのコストの中で最も注意が必要なのが、信託報酬です。購入時や売却時にかかるコストは1回きりですが、信託報酬は商品を保有している間ずっと支払いが続くからです。

たとえば、購入した投資信託が利回り4％だとしても、信託報酬で1％を支払っていたら、3％の利回りの投資信託を持っているのと同じことです。**投資信託を選ぶときは、信託報酬を差し引いた実質的な利回りを気にかけることが大切です。**

ただし、バランス型投信では、資産配分を自動的に調整してくれるというように、「少し手数料が高くても手間がかかることをやってくれる。そのためには多少信託報酬が高くてもよい」ということもあります。利回りの検討とともに、手間とコストを比較して商品を選んでください。

▼税金対策ではNISAやiDeCoを活用しよう

価格が上がった投資信託を売却すると、売却益が得られます。この売却益に税金（譲渡所得《じょうとしょとく》への課税）が約20％かかります（↓P111～）。

分配金が出るタイプの投資信託では、分配金にも約20％の税金（配当所得への課税）が天引きされます。分配金が出る投資信託は避けるように何度もお伝えしていますが、毎回かかるこの税金も避けたい理由の一つです。

投資信託の置き場所、つまりアセットロケーション（↓P270）を考えるときは、税制優遇を受けられるＮＩＳＡ《ニーサ》（↓P213～）やｉＤｅＣｏ《イデコ》（↓P233～）の口座を最大限活用することを検討していきましょう。

なお、紹介したコスト以外にも、売買委託手数料《ばいばいいたくてすうりょう》、有価証券取引税などの継続的にかかる費用もあります。商品を選ぶ際には、ファンドの「運用報告書」や「1万口あたりの費用明細」で確認しましょう。

投資信託にかかる手数料と税金

◉手数料

タイミング	種類	程度	備考
買うとき	購入手数料（販売手数料）	購入金額の0〜3％くらい	販売会社に支払う。0％のノーロードファンドもある
保有中	信託報酬	預けている資産の0.1〜1.9％くらい（年間）	販売会社・信託会社・運用会社の3社に支払う。保有している間はかかり続ける。
売るとき	信託財産留保額	売却額の0.1〜0.5％くらい	売却にかかるコストを売却する投資家自身が負担する。無料の商品もある。

◉税金

タイミング	種類	備考
分配金が出たとき	利益の約20％	非課税口座で運用している場合は、かからない
売って利益が出たとき		

そのほか、運用中に株式などを入れ替えるときに、売買委託手数料や有価証券取引税などがかかることがある。

10

投資信託④積立・長期を基本に商品を選ぶ

▼メリット・デメリットを念頭に商品を選ぶ

最後に投資信託のメリットとデメリットをまとめておきます。

【投資信託のメリット】

①少ない金額と商品数で分散投資できる

今では、投資信託を100円程度からで購入できる環境が整っています。バランス型投信なら、1本買うだけで理想のアセットクラスで構成された分散投資を実現してリスクを軽減できます。

②金融機関や運用会社が破綻しても資産が守られる

投資信託で集められた資産は、その投資信託の運用のためだけに使われます。金融機関や運用会社が万が一破綻しても、運用された資産は残ります。これまで預けた金額がゼロになるということはないのです。

③資産運用のプロが運用する

投資信託はファンドマネージャーの指示で運用されます。個人では買いにくい債券や株式などを購入でき、買った後、投資家は何もしなくてもいいのです。ただし保有している間、保有割合を変えるなどのメンテナンスが必要なことはあります。

④透明性が高い

毎日、基準価額が公表されています。必ず目論見書《もくろみしょ》や運用レポートがあり、購入の際にさまざまなデータから検討できます。

【投資信託のデメリット】

①選んだ商品のリスクを持つようになる

投資信託には、選んだアセットクラスや商品のリスクが反映されます。たとえば、外国の株式が多い場合は為替リスクがあり、新興国や成長企業の社債や株が多ければ信用リスクが高くなります。

②機動性・流動性が高くない

売買時には正確な基準価額がわからず、売りたい値段・買いたい値段で売買することができません。また、現金化まで数日かかることがあります。

③保有中、コストがかかる

株式や債券では、売買時に手数料を支払うことはあっても、保有中に手数料はかかりません。投資信託では、保有中に信託報酬という手数料がかかります。保有中の手間の少なさを考慮しつつ、信託報酬は割安なものを選びたいものです。

④元本は保証されない

投資信託は、プロが運用するといっても、利益を上げることを100%保証するものではありません。商品によっては経済動向や為替などの影響を強く受けるものがあったりして、思うような運用ができないこともあります。仮に運用がうまくいかないとしても、投資信託は元本の保証はありません。元本割れがあることも頭に入れておいてください。

▼「長期・分散・積立」との相性がいい投資信託

もともとリスク分散のために作られたのが投資信託です。商品によってリスクの度合いは違いますが、基本的には株式投資のような大きなリターンを期待するものではありません。また、その日の値動きを見て売買を決定することもできません。

そのような性質から、**投資信託は積立購入・中長期での保有と相性がいい**といえます。分配金を再投資に回すことによる複利的な効果を狙って長期間保有することを基本に商品を選んでください。

また、万人向けのインデックスファンド、100円単位やポイントで買い増しできるなど、初心者が参加できる環境も整っています。購入するときは、ファンド名を見てだいたいの運用方針の見当をつけてから、詳細を見るようにするといいでしょう。目論見書でその投資信託のリスクや運用方針を把握してから、購入してください。本節を繰り返し読んで目論見書アレルギーをなくしておきましょう。

株式や債券と同様、売却益や分配金に約20%の税金がかかります。利益に税金がかからないNISAやiDeCoを最大限活用してください。

11

ETFタイムリーに分散投資ができる

▼ETFは投資信託と株式の「イイトコドリ」

投資信託の利点は、少額で分散投資ができるところです。反面、購入後に取引口数や基準価額がわかるブラインド方式では、思うような口数や価格で売買できない欠点があります。

株式のように狙った価格や時間で投資信託の取引をしたいという人は、**ETF**（Exchange Traded Fund：**上場投資信託**）に注目してみましょう。ETFとは、上場投資信託の名前の通り、**証券取引所に上場している投資信託**です。上場株式と同じように、リアルタイムで値動きを把握しやすく、価格を見ながら取引ができます。流れに任せて売買価格を決める「成行《なりゆき》」や、売買価格を指定する「指値《さしね》」での注文、急に上がったタイミングで部分的に売却すること、利益を自分のタイミングで確定させることが可能です。

投資信託では、解約してから現金が手元に戻るまで、通常4～7日かかります。その点ETFは、売却してから口座に入金されるまでの期間は株式と同じく売却日を含めて3営業日目（売却日から2日後：国内株式の場合）です。

ETFは、数万円などの金額で購入するのが基本のスタイルになります。投資信託に比べると、まとまった金額が必要になります。かつては積立購入ができないことも多かったのですが、**最近は、ETFでも積立購入が行えるものも増えてきました。**商品ラインアップに差はありますが、少額投資や積立購入のしやすさは投資信託でもETFでもどんどんやりやすくなっています。iDeCoの対象にはなっていませんが、NISAの対象になっているETFもあります。

ETFは、投資信託のように分散投資ができ、株式のようにスピーディーな取引と現金化ができる、まさに「投資信託と株式のイイトコドリ」をした金融商品なのです。

▼国内ＥＴＦと海外ＥＴＦ

ＥＴＦは大きく分けて二つあります。

一つは、**日本国内の取引所で上場しているＥＴＦ**で、国内の株価指数、海外債券、海外の株価指数の他、商品（コモディティ）、特定の業種などに連動したものがあります。投資初心者におすすめなのは、**国内株式ＥＴＦ**です。**日経平均やＴＯＰＩＸなど国内の代表的な株価指数と連動しているものは、ニュースなどでも値動きがだいたいわかる**からです。

もう一つは、**海外の取引所に上場しているＥＴＦ（海外ＥＴＦ）**です。世界各国の代表的な株価指数はもちろん、さまざまな国の債券、商品（コモディティ）などの指数に連動したものが取引されています。**為替リスク**（↓Ｐ204）**はありますが、国内ＥＴＦに比べて利益が期待される商品が多く、１商品で国際分散投資ができるというメリットもあります。**

▼ETFにかかる手数料

次にETFにかかる手数料などコストについて説明します。投資信託のコストと同様、ETFでもトータルの手数料で考える必要があります。

まず、ETFの購入時や売却時に**売《ばい》買《ばい》委《い》託《たく》手《て》数料《すうりょう》**がかかります。上場株式と同じく証券会社に支払う手数料のことです。

ETFは投資信託の性格も持っているので、保有中は**信託報酬**が継続してかかります。ただし、通常の投資信託よりも安い傾向にあります。理由は、一般の投資信託なら運用会社、販売会社、信託会社の3社に信託報酬を支払わなければならないところを、運用会社と信託会社の2社に支払うだけでいいからです。

信託報酬の総額は、保有し続けるほど増えていきます。長期にわたって保有し続けるなら、信託報酬が割安で結果的にリターンが大きくなるETFのほうが向いているといえるでしょう。

ただし、信託報酬が安い投資信託も増えています。資金を準備できる頻度や継続のしやすさ、商品の種類などと照らし合わせ、ETFか投資信託かを検討しましょう。

▼ETFのリターン

ETFでは、購入時よりも株価が値上がりしたときに売る値上がり益（キャピタルゲイン）が期待できます。また、株式の配当金のかたちで分配金も受け取れます（インカムゲイン）。

ただし、**ETFでは、投資信託のように分配金を自動的に再投資に回すしくみがありません。**分配金を元本に組み入れる（再投資する）場合は、自分で行わなければなりません。分配金は約20％の税金が自動的に天引きされることも留意しておきましょう。

投資信託とETFの比較

	投資信託	ETF
購入金額	わからない（ブラインド方式→P166）	わかる 指値注文（→P196）もできる
売買委託手数料	基本的にはかかる ノーロード（→P187）ならかからない	かかる（NISA口座ならかからないことも多い）
信託報酬	ETFのほうがやや安い傾向がある	
積立購入	ほとんどの商品で可能	できる商品が少ない
購入先	証券会社や銀行など	証券会社
分配金の自動再投資	できる（設定が必要）	できない

▼ETFのメリット

これまで見てきたように、ETFは投資信託や株式と同じ、次のようなメリットを備えています。

【投資信託としてのメリット】

・少ない金額と商品数で分散投資ができる
・金融機関や運用会社が破綻しても資産が守られる
・資産運用のプロが運用する

【株式としてのメリット】

・透明性が高い
・タイミングを決めて、機動的に売買できる
・投資信託よりも機動性・流動性が高い（現金化までが早い）

▼ＥＴＦのリスク

ＥＴＦは、投資信託や株式に似た次のようなデメリットを抱えています。

・選んだ商品のリスクを持つようになる
・保有中、コストがかかる（投資信託よりも安い傾向がある）
・元本割れのリスクがある（株価変動リスク）
・思うように売買できないことがある（流動性リスク）

特に、思うように売買できない流動性リスクは、取引数が少ない商品ほど大きくなります。ＥＴＦを選ぶ前に、出来高を確認しておくといいでしょう。

なお、ＥＴＦには、上場株式としての市場価格と、投資信託としての基準価額の二つの価格があります。市場価格は市場の需給で決まるため、市場の急変や運用がうまくいっていないときなど、投資信託の価値である基準価額と市場価格が乖離《かいり》することがあります（**乖離リスク**）。乖離率が大きくなるほど、利益が小さくなったり損失が大きくなるリスクがあります。**ＥＴＦに投資する際は、乖離率をチェックしたうえで投資先を選んでください。**

▼海外の特定の銘柄の代わりにETFを

投資信託のリスク分散性と株式の機動性の両方を備えているETFは、安定性の高い長期投資を視野に入れつつ、値動きによっては柔軟に売買したいという人にとってはうってつけの商品です。NISAに対応したETFもあり、利益が非課税の状態で運用できるものもあります。

また、最近、日本株よりも値上がり益の大きい外国株、特に米国株が人気ですが、「個別株よりリスクが低い」という理由で、海外ETFへの投資が増えています。**海外ETFは、外国株を組み込んだ投資信託よりも運用成績がよいものもあるのですが、どちらも為替リスク**（↓P204）**をきちんと学んだうえで取引してください。**

12

外貨運用 為替リスクを学んでから取引すべき

▼為替差益や為替リスクの回避を狙った外貨運用

為替の変動による資産の目減りを防ぐ試みとして、円資産を外貨に交換する方法があります。これが**外貨運用**です。外貨預金やFX（→P210）がよく知られていますが、海外株を組み込んだ投資信託や海外ETFも外貨運用の一つといえます。

これらの投資を行うのなら**為替リスクの知識は必須**です。

「1ドル＝100円」というのは、「米国通貨の1ドルは日本通貨の100円で交換できる」という意味です。このように**二国間の通貨の交換比率**のことを**為替レート**といいます。1ドル＝100円から1ドル＝110円のレートに変わることを**円安ドル高**といいます。同じ1ドルを交換するのに、より多くの円が必要となるため、ドルと比べて円の価値が低くなっている状況です。逆に、1ドル＝100円から1ドル＝90円のレートになることを**円高ドル安**といいます。

為替レートと為替差益・為替差損

為替レート ▶ ある国の通貨を他の国の通貨に交換するときの取引価格のこと。経済状況などで為替レートが変動する。

1ドル ＝ 100円

交換できるという意味

両辺に $\frac{1}{100}$ をかけて1円で換算すると

0.01ドル＝1円

為替レートが1ドル＝100円（0.01ドル＝1円）のとき

2万円をドルに交換すると、
20,000×0.01＝200

200ドルに

↓ 翌日

円安ドル高	円高ドル安
為替レートが1ドル＝110円になった	**為替レートが1ドル＝90円になった**
200ドルを円に交換すると、200×110＝22,000	200ドルを円に交換すると、200×90＝18,000
2,000円の為替差益	**2,000円の為替差損**

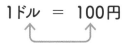

円高のときに円をドルに交換し、円安のときにドルを円に戻せば利益が出ます。

たとえば、1ドル＝100円のときに1万円分のドルと交換すると100ドル入手できます。1ドル＝110円のときにドルを円に戻すと1万1000円になり、1000円得します。**二国間の通貨の交換によって得られる利益**が**為替差益**です。

逆に、円安のときに円をドルに交換し、円高のときにドルを円に戻すと損失が出ます。たとえば、1ドル＝100円のときに1万円分のドルと交換すると100ドル入手できます。1ドル＝90円のときにドルを円に戻すと9000円になり、1000円損をします。これを**為替差損**といいます。つまり、為替レートの動きによって、利益と損失どちらにも振れるということです。

為替リスクとは、**為替変動によって起こる損失や変動幅のこと**です。さらに考えると、今後円高に振れやすい経済状況でドル建ての商品を保有し続けることは、損失を出しやすいといえます。為替レートが変動する要因には、二国間の金利差、貿易収支などさまざまなものがあり、**これらの要因によって、為替レートは簡単に変わるのだと知っておかなければ、為替リスクとうまく付き合うことはできません。**

▼外貨預金のメリット　円預金に比べて高い金利が望める

外貨運用の最もシンプルな方法が**外貨預金**です。**外貨預金**とは、**外貨を購入し、普通預金や定期預金として保有すること**です。

外貨預金のメリットは、為替差益を得られることのほかに、円預金に比べて高金利の恩恵を受けやすいことがあげられます。日本のメガバンクの場合、定期預金の年利は0・002％程度ですが、オーストラリアドル（豪ドル）の年利は約4％です。10万円を日本の定期預金に1年間預けても利息は2円ほどですが、10万円を豪ドルに交換して定期預金に預けたら利息は日本円で4000円相当になります。

▼外貨預金のデメリット　為替リスクと手数料を考慮すべき

もちろんメリットばかりではありません。外貨預金のデメリットとしては、次のようなものがあります。

①為替リスクがある

先ほどの豪ドルで4000円相当の利息がつく話で説明すると、1豪ドル＝100円のときに10万円を豪ドルに換えたら1000豪ドルになりますが、1年後1豪ドル＝90円になったときは円換算で9万円になり、高い利息を得てもトータルでマイナスになってしまいます。円預金は元本が保証されますが、外貨預金では元本が割れることがあるのです。

②万が一のとき、預金が守られない

外貨預金は、日本のペイオフの対象外です。**ペイオフ**とは、**銀行など金融機関が破綻したとき、一つの金融機関につき元本1000万円までとその利息が保護される制度**です。万が一、外貨を預けている国内の金融機関が破綻した場合、外貨預金の元本や利息は全額そろっては返ってこない可能性があります。

③手数料が高い

外貨預金では日本円を外貨に換えるときと、外貨から日本円に戻すときの両方で手数料がかかります。手数料は、金融機関によって異なります。手数料は、1回いくらの定額ではなく、取引金額に応じてかかります。手数料や為替リスクとあわせて、金利がいくらだと許容できるのかを考える必要があります。

▼外貨運用での分散投資と賢い使い方

どの通貨に対して円高になるか、円安になるかを当てることはできません。ですから、**外貨預金をするなら、リスクを分散するという感覚でいくつかの通貨を持っておく**のが得策です。

外貨預金の中には、購入した外貨を旅行先で直接支払いにあてることができるものもあります。旅行する予定のある国の通貨を円高のときに買っておき、その国に行くタイミングが円安であれば外貨預金の残高から支払いをする、という活用もできます。たとえば、1ドル＝110円のときにドルを買っていて、旅行に出たのが円安が進んだ1ドル＝115円のときなら、外貨預金で支払いをするのです。もちろん、為替レートを予測しても、その通りに海外旅行ができるとは限りません。いつか行く旅行に備えて、円高と感じるときに少しずつ外貨を買っておくのです。

海外の債券や株式を組み込んだ投資信託は、いくつかの通貨の商品を組み合わせており、同様に為替リスクを分散させています。無理に外貨預金で直接的な運用をしなくても、そうした商品の中で為替リスクを分散させてもいいでしょう。

Column

ＦＸは資産形成には不向き

▼ＦＸと外貨預金との違い

外貨運用の商品としてよく知られているのが**ＦＸ（外国為替証拠金取引）**です。ＦＸは、「Foreign Exchage」の略で、外貨預金と同じように、**二国間の通貨を交換することで、為替レートや金利差による利益を得ることを目的とした商品**です。外貨預金と違う点は、「売る・買う」がセットになっている運用スタイルであること。外貨預金は、外貨をそのまま保有して、現地での買い物や外貨建ての金融商品を購入できますが、ＦＸは、二国間の通貨のセット（通貨ペア）、たとえば円・ドルだったら、取引開始時に「ドルを買って円を売る」、取引終了時に「ドルを売って円を買う」という往復の取引を行うことで利益を確定させるのが基本です。

▼レバレッジ取引で利益も損失も大きくなる可能性が

ＦＸの大きな特徴として、ＦＸ取引業者に預けた資金（証拠金）以上の取引を行うことができる**レバレッジ取引**があります。**レバレッジとは、「てこの原理」の意味。たとえば、10万円の証拠金を預けて、レバレッジを5倍かければ50万円、20倍かければ２００万円にあたる取引ができるしくみ**です。

レバレッジによって、少ない資金で大きな利益を出す可能性があるのですが、あくまで利益が出るように為替レートが動いた場合のこと。為替レートが逆に動けば、レバレッジに比例して損失も大きくなります。ほとんどのＦＸ取引会社で25倍までレバレッジをかけることができますが、利益が25倍になるということは、損失も25倍になる可能性があるということです。損失が一定以上になると、資金を追加しなければ強制的に売却されてしまうので、常に値動きを見ておく必要があります。

為替レートは日本国内だけでなく、外国の政治や経済の影響を受けます。どこかで戦争が勃発したり、感染症の大流行など未曾有の事態が起これば、急激に変動することもあります。

Column

▼長期的な資産形成には不向き

また、FXの利益の源泉は、不利なレートで売買した人の損失です。株式の利益は投資した企業の業績や人気によりますから、業績が好調ならその会社の株を保有している人すべてが利益を享受できる可能性があります。しかし、FXの場合は、通貨ペアごとに売り買いをする性質上、投資した誰かが損失を出したことによって生まれた利益を取り合う、ゼロサムゲームなのです。1000円得したとすれば、誰かが1000円損をしていることになります。

また、外国為替取引（二国間の通貨交換）は24時間、昼夜を問わず、行われています。FX取引も24時間できます。つまり、寝ている間に何らかの原因で、通貨が暴落する危険もあります。また、長期保有するほどそういったリスクに遭遇することも増えます。

FXは、レバレッジを使って少ない資金で大きく利益を出せるしくみがある一方、長期保有には向かないという性質をもった商品です。また、利益を出すためには、高度なチャート分析の手法を身につける必要もあります。

投資初心者は手を出してはいけません。

Chapter

4 NISAで投資を始める

01

投資を行うならNISAを最大限に利用する

▼投資の利益にかかる税金は結構高い

ここまで債券、株式、投資信託など、金融商品別に見てきました。それぞれ特性は異なりますが、共通しているのは運用で得た利益には税金がかかるということです。**売却益や配当金、分配金などの利益には、約20％の税金が課せられます。**たとえば、20万円の利益が出れば約4万円が税金として徴収されるのです。実際に手に入る利益は約16万円だということです。

もちろん、増えた部分に対して課税されるだけなので、税金を払うことで損をするわけではありません。ただ、利益が大きくなればなるほど納税額も大きくなるため、できるのであれば納める税額を減らしたいところです。

税金対策として注目したいのが、**NISA（少額投資非課税制度）**です。この制度が利用できる口座のことを**NISA口座**とか**税制優遇口座**といいますが、**NISA口座で運用した利益には一切税金はかかりません。**

投資信託を50万円買い、それが5年後に20万円の利益が出て70万円になったとします。NISA口座でなければ約4万円の税金を支払う必要がありますが、NISA口座だったら税金は0円です。投資収益が全額手元に入ってくるのです。これは活用しない手はないでしょう。

投資を行うなら必ずNISA口座を利用してください。

▼NISAはなぜスタートした？

日本人は損失回避傾向が強いといいましたが、それは余剰資金の使い方に表れています。「損をするのがコワイ」という心理が働いてしまい、余剰資金をリスクの小さな預貯金に回してしまう人がたくさんいるのです。個人資金を債券市場や株式市場に誘導することによって、企業が経営しやすい環境を整えるなど日本経済を活性化させるという狙いもあって始まった制度がＮＩＳＡなのです。

▼複利的な効果が期待できる面もある

ＮＩＳＡ口座のメリットは、利益が非課税となるだけではありません。投資信託で分配金を再投資する際、税金を天引きされない分、多くの分配金を元本に組み入れることができます。つまり、複利的な効果（↓Ｐ90）が期待できるのです。この複利的な効果は、長期間保有するほど大きくなります。

次節で説明しますが、ＮＩＳＡ口座には非課税枠が決められています。その上限を超える分は課税口座を利用することになります。つまり、投資額が増えてくれば、投資用の口座をいくつか持つ必要があります。ただ、そうした悩みもＮＩＳＡの投資枠が大幅に拡大される２０２４年以降はなくなるかもしれません。

NISA口座なら売却益や配当金が非課税になる

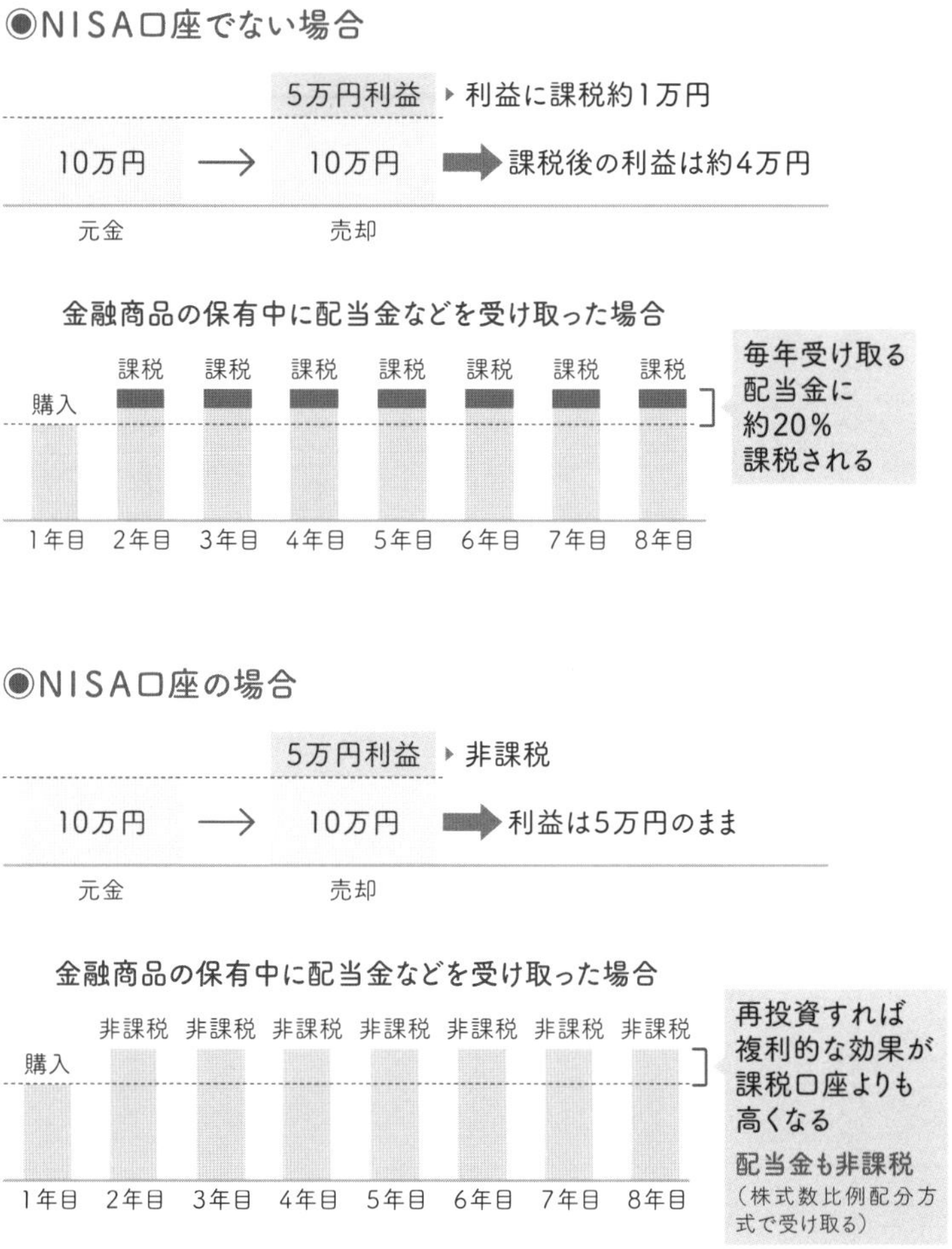

02

NISAのメリットとデメリット両方知って賢く使う

▼新NISAは旧制度より大幅に充実

2024年1月からNISAが大幅に拡充されます。新しいNISA（新NISA）は、2023年までの旧NISA（↓P229）から大幅に内容が拡充され、使いやすい制度になります。税制が優遇されることはもちろん、次のような特徴を持っています。

①年間で、つみたて投資枠120万円と成長投資枠240万円を併用して投資できる。

②投資の可能期間（口座開設期間）に制限がない。運用の非課税期間も無期限。

③いつでも引き出しができる。

④非課税保有限度額は1800万円。うち、成長投資枠は1200万円まで。この枠は再利用できる。

順に説明していきましょう。

①年間で、つみたて投資枠120万円と成長投資枠240万円を併用して投資できる。

国内に住む18歳以上（その年の1月1日現在）の人なら、NISA口座を開設できます。口座には、**つみたて投資枠**と**成長投資枠**があり、同時に開設できます。

つみたて投資枠…積立方式で購入できる、投資信託とETF（上場投資信託）のみが対象です。つみたて投資枠の対象商品は、投資未経験者でも始めやすい顔ぶれになっています（詳しくは→P228）。

成長投資枠…一括での購入でも、積立での購入でも可能で、上場株式や株式投資信託、REIT（不動産投資信託）なども対象です。

なお、複数の金融機関でNISA口座を開設することはできません。また、一人一つの口座しか作ることができません。一つの金融機関で一つのNISA口座しか作れないということです。ただし、手続きをすれば、1年単位で金融機関を変更することはできます。

新ＮＩＳＡでの投資額は、つみたて投資枠では1年間に１２０万円まで、成長投資枠では1年間に２４０万円まで、計３６０万円までです。たとえば、ある年に、つみたて投資枠で投資信託を何回かに分けて１２０万円分積み立てて買う、成長投資枠で株式10万円分を24回買うといったことができます。

②投資可能期間（口座開設期間）に制限がない。運用の非課税期間も無期限。

いつでも投資することができ、投資した資金は、ずっと非課税で運用できます。期限を気にせず、長期の視点で資産形成を考えた運用ができます。

③いつでも引き出しができる

同じ税制優遇口座でも、60歳まで資産が引き出せないｉＤｅＣｏと違って、ＮＩＳＡ口座の資産は、いつでも売却してお金を引き出すことができます。60歳が迫っている40～50代ならともかく、ライフイベントの多い20～30代には、長期保有を目指しつつもいざというときにも使えるＮＩＳＡのほうが使い勝手がよいといえます。

④非課税保有限度額は１８００万円。うち、成長投資枠は１２００万円まで。この枠は再利用できる

１人あたり１８００万円の非課税保有限度額が設定されています。そのうち、成

非課税投資枠とルール

①非課税枠を超える分は投資できない（自分の判断で課税口座を使う）

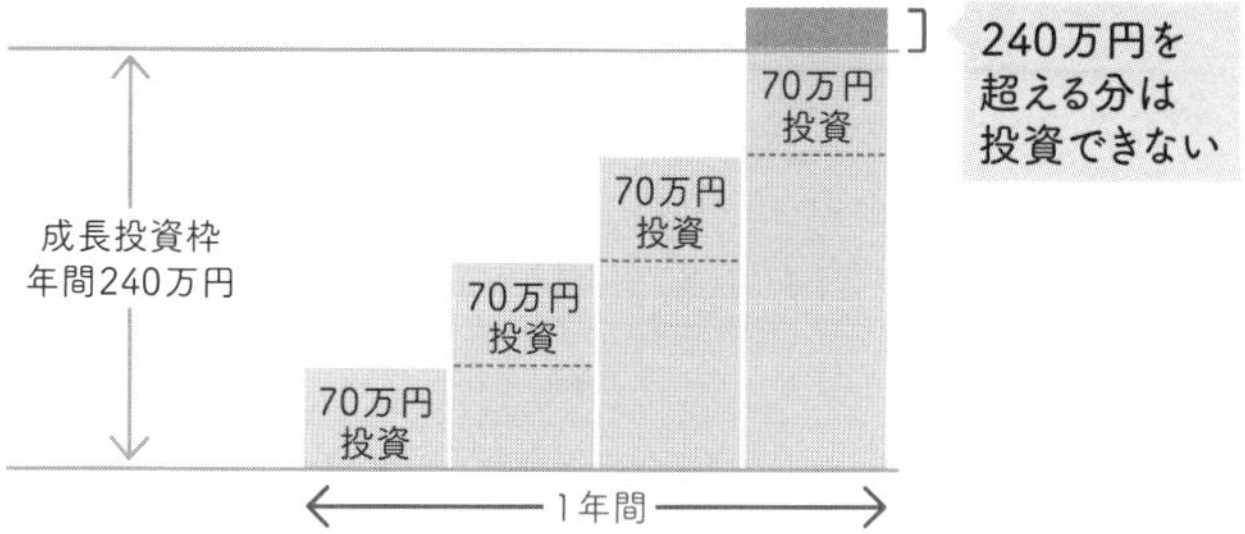

②売却部分はその年は再利用できない

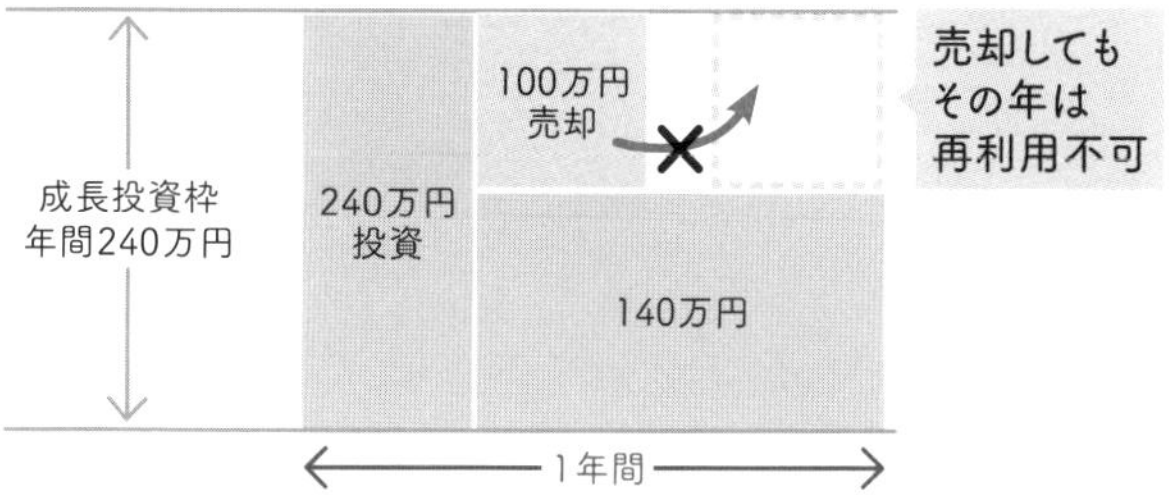

③使わなかった非課税投資枠を翌年に繰り越すことができない

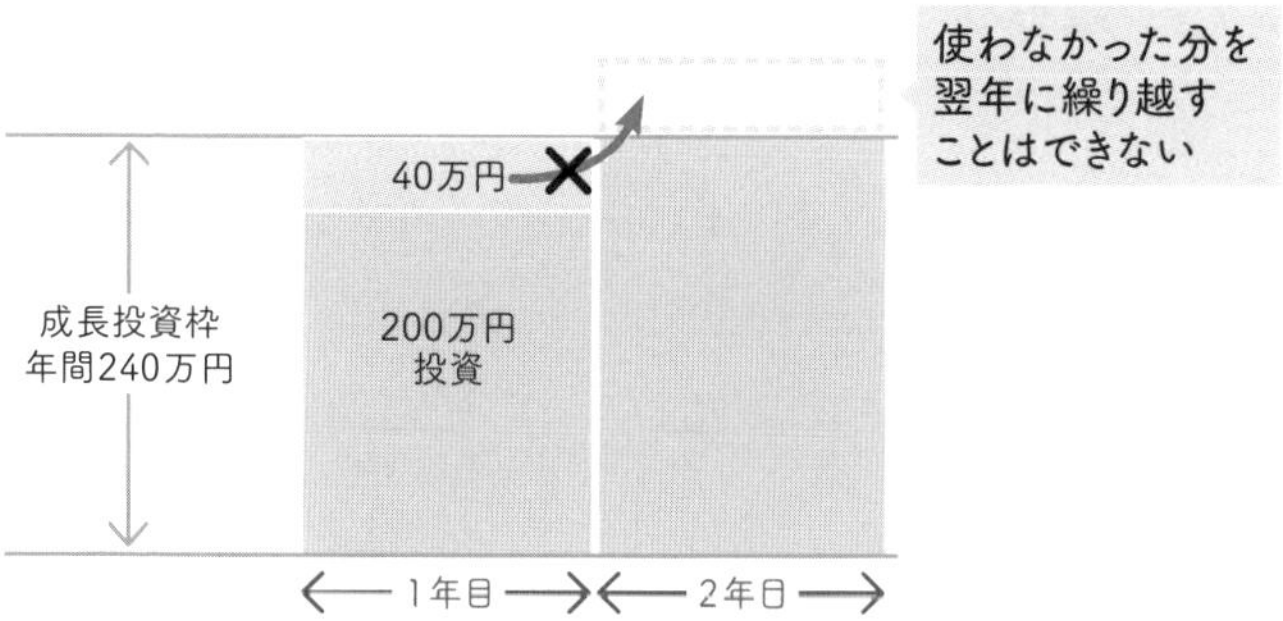

長投資枠は1200万円まで。積立に限定しない買付方法で、まとまった資金を投資するなど幅広い投資ができます。一部を売却した場合、翌年に枠が復活し、空いた枠内で再投資をすることができます。

この非課税保有限度額は簿価ベース（＝取得価額）。収益分は含まれません。収益が積み上がっても、とにかく購入時の価格をベースに、投資した資金の保有を続けることができます。

▼注意点① 損失も考慮されない

利益が出ても課税の対象とならないNISA。損失があっても損失分の税金は考慮されません。

通常の課税口座なら、損失が出た取引と利益が出た取引を相殺して、税金を計算することができます（**損益通算**《そんえきつうさん》）（→P114）。また、その年の損失を翌年以降の利益から差し引いて、税額を軽くすることができます（**繰越控除**《くりこしこうじょ》）（→P114）。

しかし、NISA口座で商品の値が下がり続けて損失が出ても、課税口座の利益との損益通算はできません。課税口座の利益にそのまま課税されるため、税額は減額されません。また、ＮＩＳＡ口座の繰越控除をすることもできません。ＮＩＳＡ口座は、非課税口座として独立して運用するものと考えてください。

▼注意点② 繰り越しはできない

つみたて投資枠１２０万円と成長投資枠２４０万円と、毎年、非課税で投資できる金額は決まっています。**1年で上限まで利用しなかった場合でも、残った非課税投資枠は翌年に繰り越しできません。**たとえば、つみたて投資枠で年に50万円しか使わ

損益通算と繰越控除

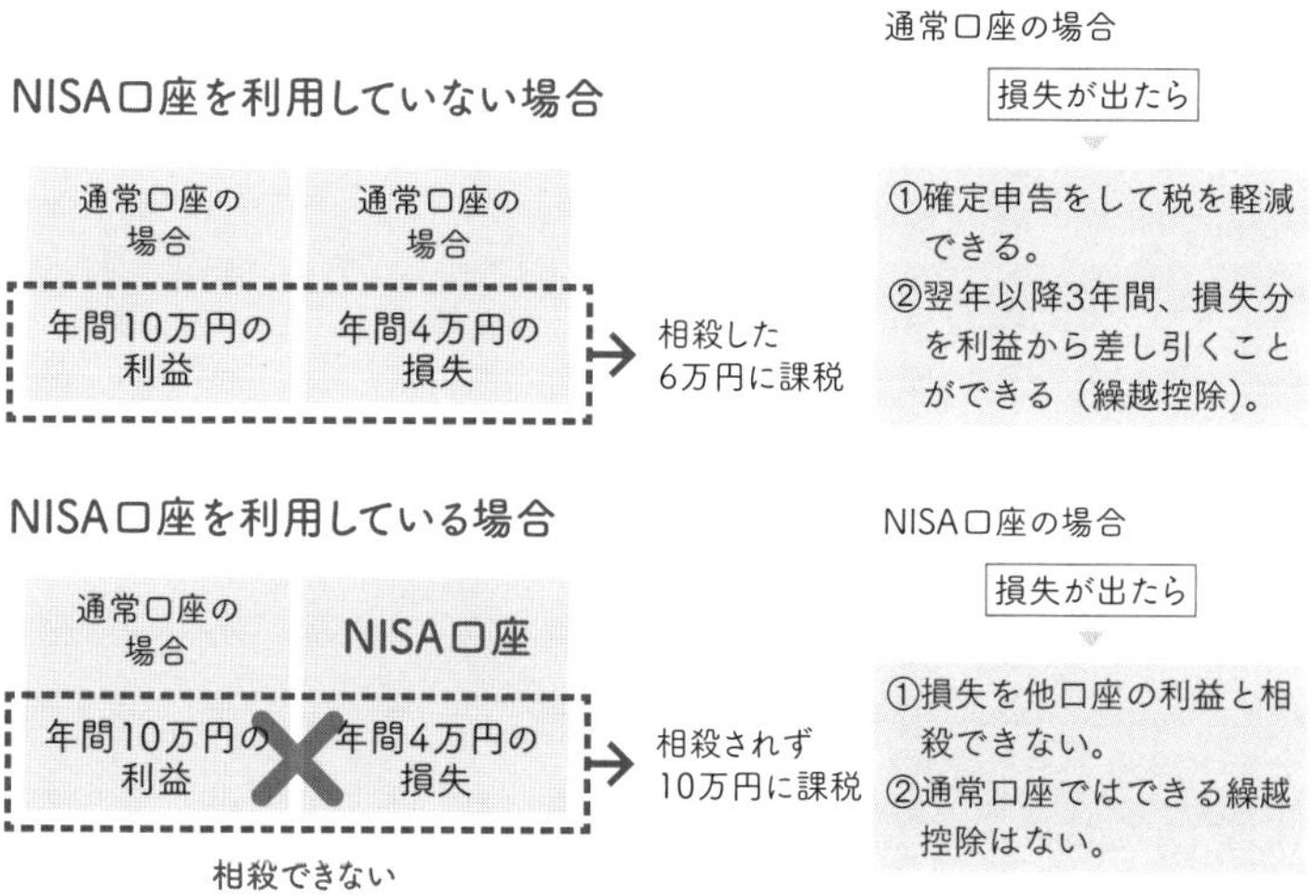
通常口座の場合
損失が出たら
①確定申告をして税を軽減できる。
②翌年以降3年間、損失分を利益から差し引くことができる（繰越控除）。
NISA口座を利用していない場合
通常口座の場合
通常口座の場合
年間10万円の利益
年間4万円の損失
相殺した6万円に課税
NISA口座を利用している場合
通常口座の場合
NISA口座
年間10万円の利益
年間4万円の損失
相殺されず10万円に課税
相殺できない
NISA口座の場合
損失が出たら
①損失を他口座の利益と相殺できない。
②通常口座ではできる繰越控除はない。

ず70万円分の非課税投資枠が残ったとしても、その70万円を翌年に繰り越して190万円が使えるわけではないのです。翌年もつみたて投資枠は120万円です。

▼注意点③ 配当金が課税されない振込方法を選ぶ

配当金などを非課税で受け取るには、**NISA口座に直接配当金が振り込まれる株式数比例配分方式**を選択してください。ゆうちょ銀行の窓口で現金で受け取る方法や、指定した銀行口座に振り込んでもらう方法を選ぶと、税金が天引きされるので注意してください。

2024年の新制度から一気に自由度が広がるNISA。でも、それは投資家個人個人が責任をもって判断しなければならないことが増えたということでもあります。2023年までのNISA、特につみたてNISAは、投資をほとんど知らない人でも失敗することが少ない額や商品ラインアップでした。

一人ひとりが金融リテラシーを上げていく時代がやってきたといえます。

03 成長投資枠とつみたて投資枠とを効果的に使い分ける

▼二つの投資枠を使い分ける

新NISAはこれまでのNISAと比べて、一年間の投資枠も非課税保有限度額も拡大され、しかも、非課税期間が無期限になるなど、非常に使いやすい制度になっています。ただ、成長投資枠とつみたて投資枠をどのように使い分けたらいいのか悩む人も多いでしょう。

二つの投資枠を同じように使うのも一つの方法ですが、違いに注目して使い分けることもできます。

成長投資枠は、スポット購入もできれば積立購入も可能です。上場株式やETF、投資信託など対象となる商品も多彩です。ある程度投資を経験してきた、いろいろな商品を試してみたい、株式などのリターンを見込んでまとめて投資をしたいという人も満足できる品ぞろえになる予定です。

一方、つみたて投資枠は、投資方法は積立オンリーです。積立・分散投資に適した投資信託、ETFが約200本に絞り込まれています。国内に6000本はあるといわれる投資信託の中から金融庁の条件を満たした商品だけが対象です。金融商品なので100%安全ということはありませんが、投資未経験者でもコツコツと積み立てるには始めやすいラインアップといえます。

▼年間投資枠と再利用可の保有限度額を効果的に使う

年間の投資額の上限は、成長投資枠は240万円、つみたて投資枠は120万円です。そして非課税保有限度額1800万円のうち、成長投資枠は1200万円までとなっています。

いろいろな活用法ができますが、成長投資枠を最大限活用したいという人は、なるべく短期間で成長投資枠いっぱいまで投資して、長期間の複利的な効果を狙うという手もあるでしょう。残りの600万円は、堅実にコツコツと積立購入をしていきます。

一方で、つみたて投資枠の上限はないので1800万円まで使い切るという方法もあります。自動的に積立ができるので、何も考えずにほったらかしで運用したいという人には向いています。成長投資枠とつみたて投資枠をあわせて月30万円を積立投資して5年間で使い切るという方法もありますし、無理のない月額で1800万円を埋めていってもいいですね。

途中で売却しても、非課税保有限度枠を再利用できる点にも注目です。必要なときに売却して現金を引き出し、また少しずつ買い足して資金を戻していくという方法もありでしょう。

いずれにしても、2024年以降は、さらにNISAを積極活用するのが賢い投資法になるでしょう。NISAの制度に合わせて、アセットアロケーションやポートフォリオを再検討していきましょう。

NISAの対象となる金融商品

◉成長投資枠の対象となる金融商品

対象となる金融商品	対象とならない金融商品
株式投資信託	非上場株式
国内株	預貯金
海外株	債券
国内ETF	公社債投資信託
海外ETF	MMF・MRF
ETN（上場投資証券）	eワラント
国内REIT（J-REIT）	上場株価指数先物
海外REIT	FX（外国為替証拠金取引）
新株予約権付き社債（ワラント債）	金・プラチナ
	など

＊ただし、整理銘柄や監理銘柄に指定されている上場株式や、信託期間20年未満の投資信託、高レバレッジ型の投資信託、毎月分配型の投資信託などは除外される。

◉つみたて投資枠の対象となる金融商品

インデックスファンド（→P176）	アクティブファンド（→P176）	ETF（→P196）
●ノーロード ●国内：信託報酬0.5％以下 ●海外：信託報酬0.75％以下 など	●ノーロード ●国内：信託報酬1％以下 ●海外：信託報酬1.5％以下 ●純資産が50億円以上 など	●最低取引単位：1,000円以下 ●国内：信託報酬0.25％以下 ●海外：信託報酬0.25％以下 ●指定された指数に連動するもの など

04 現NISAと新NISAどこが違う？ どう引き継ぐ？

▼現NISAのしくみ

2023年までのNISA（現NISA）は、2024年から始まる新NISAとはかなりしくみが異なります。ここでは現NISAを利用している場合、どのように新NISAに移行すべきかを考えてみます。

現NISAは**一般NISA**と**つみたてNISA**という二つの制度があり、どちらか一つしか利用ができません。ざっくり言うと、現NISAと新NISAの関係は、現制度の一般NISAを新制度の成長投資枠が、つみたてNISAをつみたて投資枠が、それぞれ引き継いで拡充するといえます。そして、2024年以降、新NISAに一本化されます。

また、投資した商品の運用期間は、一般NISAは最長5年、つみたてNISA

は最長20年。その期間を過ぎる場合は、課税口座に移管するか売却することになります。何も手続きをしない場合は、同じ金融機関の課税口座に自動的に移されます。なお、**新しいNISA制度のつみたて投資枠や成長投資枠に移管することはできません。**

一般NISAでは、**ロールオーバー**といって、非課税運用期間の5年を過ぎるとき、翌年の新しい非課税枠に移管して非課税運用を続けることができました。しかし、2024年からは新NISAが主体となり、ロールオーバーをする非課税枠もなくなります。一般NISAは2023年が最後の開設年で運用期間は5年間ですから、2027年までに順次運用期間を終えていきます。運用期限が来る前に、より有利になるように、売却か、課税口座への移管かを選んでいきましょう。

▼現NISAとは別に新NISAが利用できる

現制度の一般NISAを新制度の成長投資枠が、つみたてNISAをつみたて投資枠が、それぞれ引き継いで拡充するといいました。投資額や期間は大きく変わりましたが、投資対象商品の考え方は似ています（成長投資枠からは高レバレッジ商品などが除かれる予定）。

すでに現NISAを利用していても、これとは別に2024年からの新NISA制度で非課税口座を作ることができます。たとえば、2024年以降もつみたてNISAで投資した資金の運用を続けていても、2024年からは新NISAでつみたて投資枠や成長投資枠を利用することができ、非課税保有限度額1800万円もフル活用できるのです。

新NISAと現NISAの違い

◉新NISA(2024年〜)

	つみたて投資枠 併用可	成長投資枠
年間投資枠	120万円	240万円
非課税保有期間	無期限	
非課税保有限度額(総枠)	1,800万円 *簿価残高方式で管理(枠の再利用が可能)	うち、1,200万円
口座開設期間	恒久化	
投資対象商品	長期の積立・分散投資に適した一定の投資信託 (旧制度のつみたてNISA対象商品と同様)	上場株式・投資信託など
対象年齢	18歳以上	
現NISAとの関係	2023年末までに現NISAでの一般NISA制度およびつみたてNISA制度において投資した商品は、新NISAの外枠で現NISA制度における非課税措置を適用。 (現NISA制度から新NISA制度へのロールオーバーは不可)	

◉現NISA(〜2023年)

	つみたてNISA 選択制	一般NISA
年間投資枠	40万円	120万円
非課税保有期間	20年間	5年間
非課税保有限度額	800万円	600万円
口座開設期間	2023年まで	
投資対象商品	長期の積立・分散投資に適した一定の投資信託 (金融庁の基準を満たした投資信託に限定)	上場株式・投資信託など
対象年齢	18歳以上	

(金融庁HPより作成　https://www.fsa.go.jp/policy/nisa2/about/nisa2024/index.html)

Chapter

5

iDeCoで老後資金を手厚くする

01

老後の生活資金試算をしてから対策を考える

▼老後に必要な資産は2000万円では足りない⁉

2019年、金融庁のワーキンググループが出した次のような試算が、「老後2000万円問題」として高い関心を集めました。それは大まかには次のような内容でした。

年金給付で生活している無職の高齢者夫婦（夫65歳、妻60歳）の平均的な収入と支出を見ると、1か月約5・5万円の赤字が生じている。この赤字は夫妻の金融資産から取り崩すことになる。この生活が30年続くとすると、30年×12か月×5・5万円で、およそ2000万円の金融資産が必要になる。

この衝撃的な内容に多くの人が不安にかられ、「年金保険料をきちんと納めているのに、そんな大金を老後のためにさらに用意しなければならないなんて……」という失望の声がSNSなどであふれました。

また、「あくまでも試算であって自分には当てはまらない」「金融庁がその後報告書を撤回しているのだから現実的ではなかったのだろう」といった試算そのものを疑問視する意見も多数見受けられました。

しかし、あの報告書は的外れなものとはいえません。

確かに、老後の備えとしてまとまった資金を確保することに、早くから取り組む必要があるということです。

ただ、注意したいのは、年金の受給額は現役時代の働き方によって大きく異なるということです。使うお金も家庭によってさまざまで、「2000万円」ほどは必要ないケースも、逆にもっと必要なケースもあります。自分のケースで金額を整理しないと、結局は安心できないのです。

こういった年金の話題が世間を騒がせると、必ずといって出てくるのが、「年金財政は破綻寸前。納める額よりも受け取る額のほうが少ないほど。だったら年金保険料を納めるのは損だ」という意見です。

後述しますが、**年金は貯金ではなく、保険です。**

年金から支給されるのは老齢年金だけではありません。障害を負ったときには障害年金が、遺族になったときには遺族年金が支給されます。これらすべての保障を民間の保険だけでまかなうとなったら、いまの年金保険料の何倍ものお金が必要です。

年金財政のしくみには改善の必要がありますが、近い将来破綻するという話は現実的ではありません。

年金保険料を納めて、老後も含めて生活に支障が出たときの保障にする。

そのうえで、老後の資金を検討する際は、老齢年金では足りない分をどうまかなうかを考える。

老後に必要なお金はこのように考えるべきです。

▼老後に足りない資産はどれだけあるか

では、いったいどれくらいの貯蓄があれば、老後は安心といえるのでしょうか。老後に使える金融資産など、個々で事情は違ってきます。まずは不足する老後の資金を次のステップで計算してみましょう。

ステップ❶ 老後の期間を決める
ステップ❷ 老後の生活費を見積もる
ステップ❸ 老後の収入と金融資産を把握する
ステップ❹ 不足する資産を試算する

ステップ❶ 老後の期間を決める

初めに、「①老後が始まる年齢」を決めてください。老後の定義は人それぞれですが、自分や配偶者が定年になる歳や年金受給を開始する歳は、区切りにいいでしょう。

次に、「②自分の寿命」を設定します。もちろん、あくまで仮置きです。平均寿命を目安にしてもいいし、90歳、100歳と長めに設定してもいいでしょう。ちなみに日本人の平均寿命（2022年）は、男性が81・47歳、女性が87・57歳です。

②から①を差し引いた期間が、老後の期間となります。

ステップ❷ 老後の生活費を見積もる

生活費は、食費、娯楽などの毎月の基本生活費と、それ以外のライフイベントにかかる臨時生活費（住宅のリフォーム代、車の買い替え、介護費用、予備の医療費、葬儀代など）に分かれます。

基本生活費は、夫婦2人なら月25〜35万円、単身なら14〜20万円が目安となります。現在かかっている生活費の7割程度と見積もるのも一つの方法です。月額の基本生活費を、ステップ❶で出した老後の期間に当てはめてください。

臨時生活費は、持ち家や車があるかなど個々の事情に大きく左右されますが、総計で500～2000万円程度になることが多いでしょう。

ステップ❸ 老後の収入と金融資産を把握する

収入は、公的年金とその他の収入に分かれます。公的年金は、ねんきんネット（→P248）で試算します。その他の収入は、老後も働く給与収入、不動産収入、配当収入などです。

金融資産には、退職一時金、預貯金、確定拠出年金《かくていきょしゅつねんきん》、民間の個人年金、株式や投資信託などが含まれます。老後まで残しておく予定の金融資産を計算に入れてください。老後のスタート時に住宅ローンなどの負債が残っていれば、その負債分を差し引いておきます。

ステップ❹ 不足する資産を試算する

ステップ❷で出した「老後の生活費」から、ステップ❸で出した「老後の収入と金融資産」を差し引きます。その額が、❹の「不足する資産」になります。

もし、この額がマイナスになっていれば、「老後の収入と金融資産」が「老後の生活費」を上回るということ。余裕をもって老後を送れるでしょう。

しかし、大半の人は、千万円単位のプラスの数字が出ると思います。豊かな老後を送るには、それだけの資金が不足しているのです。

▼足りない資産を確保する方法は三つしかない

この不足額を確保するにはどうすればいいか。

第1章で述べたことを思い出してください。お金を増やす方法は、次の三つしかありません（→P11）。

①仕事などで稼ぐ（収入を増やす）

②節約する（支出を削減する）

③資産をうまく運用する（投資で増やす）

老後の資金を確保するためにも、この三つを少しずつ底上げしましょう。

定年退職後も完全リタイアとはせず、「どのように働き続けるか」を現役時代からイメージしておきましょう。また、年金生活になってから急に生活を切り詰めることはなかなか難しいもの。1章でも口酸っぱく述べているように、若いうちから節約する習慣を身につけておくことが大切です。

そして、現役時代に投資に回す余剰資金の中から、「老後に使う」ものを明確にしておきます。長く続けるほど運用効果は大きくなりやすいので、できるだけ早めに老後のための投資を始めていくほうが有利です。その手段として、この章でみていく個人型確定拠出年金《こじんがたかくていきょしゅつねんきん》「ｉＤｅＣｏ《イデコ》」を有効に活用していきましょう。

02

公的年金は貯金ではなく保険

▼公的年金は、老後、障害、遺族のセーフティーネット

個人型確定拠出年金《かくていきょしゅつねんきん》「iDeCo」を見ていく前に、公的年金とそのしくみについて、基礎知識を確認しておきましょう。老後の生活費すべてをまかないきれないこともあるとはいえ、公的年金には、民間の個人年金保険にはない優れたしくみがあります。

国民年金、厚生年金に加入していた人が受け取れる公的年金は、**老齢年金**として**原則65歳以上の国民に一生涯支給されます。**民間の個人年金保険は、通常は一定期間の有期保障ですから、公的年金の「一生（終身）もらい続けることができるしくみ」は、非常に頼もしく、大きなメリットです。

それだけではありません。公的年金の給付の種類には、老齢年金のほかに、障害年金と遺族年金があります。**障害年金**は、病気やケガなどが原因で障害認定を受けた人に給付されるもの。**遺族年金**は、被保険者が家族を遺して亡くなった場合、その遺族に給付されます。

公的年金は、貯金ではなく、保険なのです。いざというときの自分自身のセーフティーネットになるものです。老後の保障だけではなく、障害を負った場合や大黒柱が亡くなった後の家族への保障も含まれていることを考えると、とても手厚いしくみといえます。

しかし、納付すべき保険料を支払わないでいると、支給される年金が減額されたり、障害年金や遺族年金が支給されないことがあります。若い頃は公的年金を軽視しがちですが、くれぐれも保険料の払い漏れはしないでください。納付できないやむを得ない事情があっても、猶予や免除の手続きを行い、加入期間だけは途切れないようにすべきです。

▼日本の公的年金制度は2階建て

日本の公的年金制度は、「2階建て」といわれます。1階は、20歳から60歳未満の国民全員が加入する**国民年金（基礎年金）**。自営業などの第1号被保険者や主婦などの第3号被保険者は、この1階部分のみです。

2階は、会社員や公務員など第2号被保険者が加入対象の**厚生年金**。会社が厚生年金への加入手続きを行うと、自動的に国民年金にも加入することになります。保険料の半分は、会社が負担してくれます。

▼老齢年金の受給額を増やす方法

1階建ての方は2階建てや3階建てに上乗せする、また2階建ての方は3階建てに上乗せすることで、老齢年金の受給額を増やすことができます。**公的年金の上乗せ給付を保障する制度**のことを**私的年金**（↓P246）といいますが、私的年金のうち、企業が加入・実施する年金についてはその企業に勤める方のみが上乗せすることができます。個人が自分で掛金を支払い、運用することで上乗せできる制度が個人型確定拠出年金「iDeCo」なのです。

また、老齢年金は受け取り方によって、もらえる年金額を増やすこともできます。預貯金など自分の資産や仕事の収入で生活がまかなえている間は老齢年金を受け取らず、受け取る時期を繰り下げてもらうという方法です。

通常65歳から受給できる年金を65歳より後ろ倒しにする（**繰り下げ受給**）と、1か月あたり0・7％もらえる金額が増えます。繰り下げ受給による受給開始年齢は75歳まで。70歳まで繰り下げると42％、75歳まで繰り下げると84％増額されます。繰り下げることによって、年金の受給額が倍近くになるということです。

60歳から64歳までの間に受給できるように繰り上げてもらうこともできます（**繰り上げ受給**）。この場合、前倒しすると1か月あたり0・4％減額されます（最大24％）。減額は一生続くので、繰り上げは慎重に検討するべきです。

年金の種類

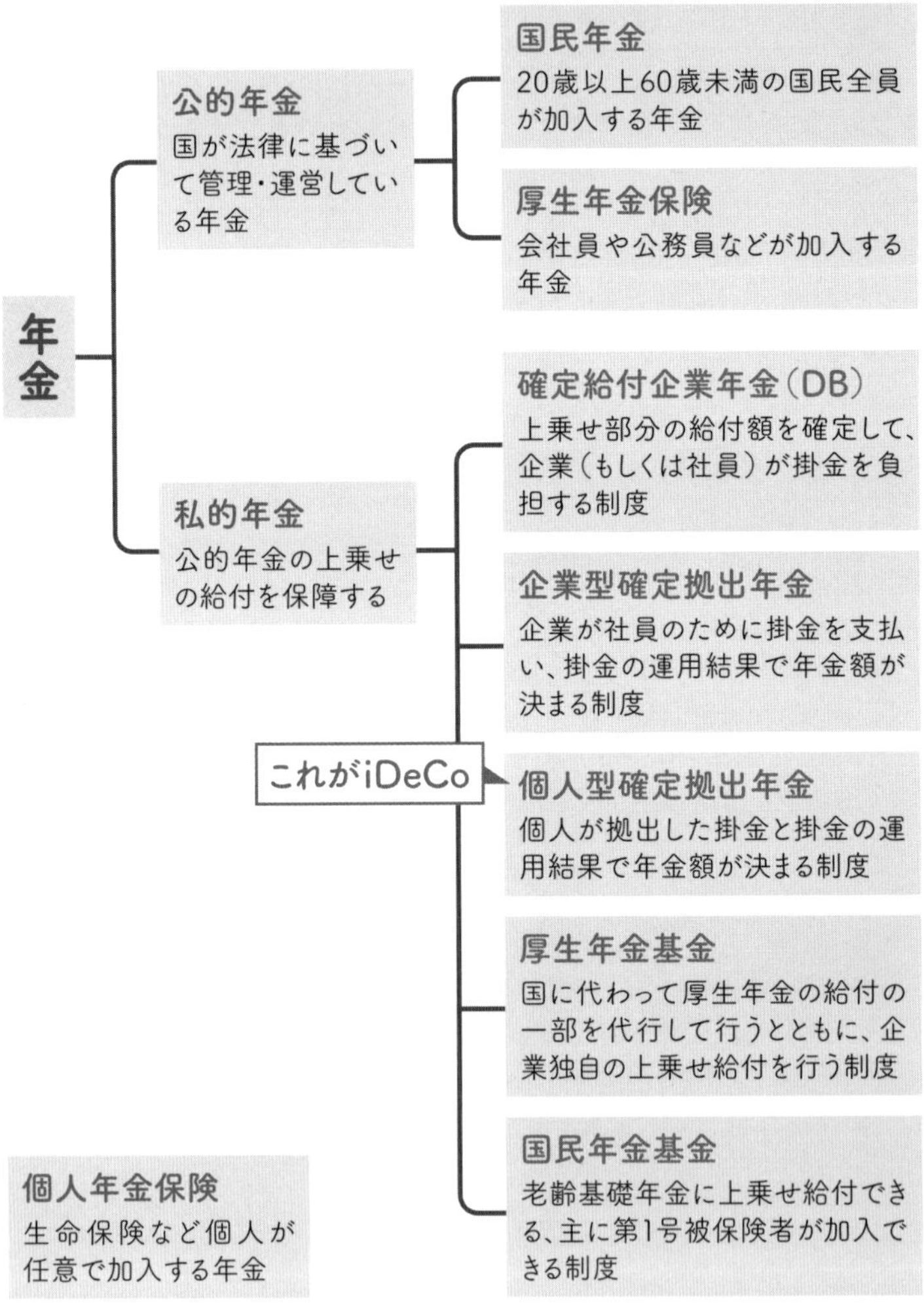

年金
公的年金
国が法律に基づいて管理・運営している年金
国民年金
20歳以上60歳未満の国民全員が加入する年金
厚生年金保険
会社員や公務員などが加入する年金
私的年金
公的年金の上乗せの給付を保障する
確定給付企業年金（DB）
上乗せ部分の給付額を確定して、企業（もしくは社員）が掛金を負担する制度
企業型確定拠出年金
企業が社員のために掛金を支払い、掛金の運用結果で年金額が決まる制度
これがiDeCo
個人型確定拠出年金
個人が拠出した掛金と掛金の運用結果で年金額が決まる制度
厚生年金基金
国に代わって厚生年金の給付の一部を代行して行うとともに、企業独自の上乗せ給付を行う制度
国民年金基金
老齢基礎年金に上乗せ給付できる、主に第1号被保険者が加入できる制度
個人年金保険
生命保険など個人が任意で加入する年金

国民年金や厚生年金から支払われる年金

老後

原則65歳以上になったとき、一生涯（終身）受け取ることができる老齢年金。

障害

病気やケガなどが原因で障害認定を受けた人に給付される障害年金。

死亡

保険料を納めている人が家族を遺して亡くなった場合、その遺族に給付される遺族年金

公的年金は1階建てもしくは2階建て式

第1号被保険者
自営業者とその配偶者、20歳以上の学生など。

第2号被保険者
会社員や公務員など。国民年金と厚生年金保険加入の2階建て。

第3号被保険者
会社員や公務員の配偶者である主婦や主夫など。

第1号や第3号被保険者は国民年金のみ加入の1階建て。

2階建てにするための上乗せできる年金（国民年金基金など）もある。

Column

老齢年金の試算 ねんきんネットに登録を！

▼ねんきん定期便で受給年金の目安がわかる

支給される老齢年金は、会社員の標準モデルで月約15万円、自営業で月約6万円です。実際は収入や加入期間などの影響を受けて、一人ひとりの受給額は異なります。

自分が受給できる年金額を具体的に知る方法に、**ねんきん定期便**と**ねんきんネット**があります。

毎年の誕生月に日本年金機構から届く**ねんきん定期便**では、納付実績や実績に応じた年金見込み額などが記載されています。まだ納付の途中のため、あくまで現時点での目安になります。50歳以上になると、現在の水準で60歳まで加入した場合の見込み額になるため、より現実的な数字になります。

▼ねんきんネットで具体的な試算を

50歳未満だと、ねんきん定期便では現時点までの加入実績に応じた受給目安しかわかりません。自分が将来受給する年金額を把握し、収入の変化などに応じて試算するには、**ねんきんネット**を利用してください。ねんきん定期便に書かれたアクセスキーとメールアドレスで登録します（アクセスキーの有効期限は、ねんきん定期便到着後3か月）。日本年金機構のホームページで登録することも可能です。

ねんきんネットに登録すれば、パソコンやスマホからいつでも最新の年金情報や自分の年金記録にアクセスできます。「今と同じ働き方を続けた場合」、「今より収入が上がった場合」、「会社員からフリーランスになった場合」など、何通りもの働き方を想定して年金受給額を試算することもできます。状況が変わる都度に試算して、年金受給額を把握しておくと、必要な対策が見えてきます。そのためにもねんきんネットに必ず登録してください。

［日本年金機構　ねんきんネット］で検索して、ねんきんネットのトップ画面に。ここから新規登録ができる。

03

自分の力で年金を手厚くするiDeCoの基礎知識

▼セカンドライフの資金にNISAがちょっと不安な理由

4章で非課税口座NISAについて見てきました。NISA口座の運用が無期限になり、投資額の上限も大幅に引き上げられたことで、セカンドライフの資金の置き場所としても活用が進むでしょう。公的年金だけではゆとりのあるセカンドライフは難しいかもしれません。NISAは心強い存在になりそうです。

しかし、自由度の高いNISAならではのデメリットもあります。それは、いつでも引き出しできるということ。セカンドライフに向けてNISA口座にストックしていた資産を、何かにつけ「ちょっと入り用だから」「今回だけ」と自分に言い訳しながら引き出しているうちに、予定よりずっと早くに底をついてしまった、ということも起こってしまうかもしれません。

▼老後を見据えた資産形成 NISA同様、税制優遇口座のiDeCo

NISAと同じく税制優遇口座で、よりいっそうセカンドライフの生活の安定に焦点をあてた口座があります。国が定めた私的年金制度の一つ、**個人型確定拠出年金**《こじんがたかくていきょしゅつねんきん》**「iDeCo《イデコ》」**です。

日本の公的年金制度は2階建てになっているとと述べましたが、私的年金を入れると3階建てのように増築することができます。1階と2階部分が、国民年金、厚生年金などの公的年金です。そして私的年金として、企業や個人が任意に公的年金に上乗せできるしくみもあります。iDeCoは3階部分にあたります。

NISAと違ってiDeCoには受給できる年齢がある

原則、iDeCoの年金は60歳から受給できるが、60歳到達時点の通算加入期間などで受給可能な年齢が違ってくる。

60歳到達時点の通算加入期間など	受給可能年齢（時期）
10年以上	60歳から
8年以上 10年未満	61歳から
6年以上 8年未満	62歳から
4年以上 6年未満	63歳から
2年以上 4年未満	64歳から
1月以上 2年未満	65歳から
60歳以上で初めて加入	加入から5年を経過した日から

iDeCoでは、個人が掛金を決めて拠出し（＝積み立て）、金融商品を運用して自ら将来の年金を作ります。現在拠出しているお金が、利益とともに分割払いや一括払いで老後の年金として支払われるしくみです。

▼拠出できる金額と頻度

iDeCoに拠出できる掛金は、月々5000円から1000円単位で設定できます。限度額は、働き方などで変わります（↓下図表参照）。老後の資金運用が、働き

iDeCoの拠出限度額

①国民年金の第1号被保険者（自営業、フリーランス）
月額6万8000円（年間81万6000円）

②国民年金の第2号被保険者（会社員）
●企業年金がない場合
月額2万3000円（年間27万6000円）
●企業年金がある→企業型確定拠出年金のみ
月額2万円（年間24万円）
●企業年金がある→企業型確定拠出年金と確定給付企業年金、厚生年金基金を併用
月額1万2000円（年間14万4000円）

③国民年金の第2号被保険者（公務員）
月額1万2000円（年間14万4000円）

④国民年金の第3号被保険者（専業主婦・主夫）
月額2万3000円（年間27万6000円）

方によって差が開きすぎないようにするためのルールです。現在の自分はいくらまで掛金を拠出できるか、確認しておいてください。

なお、年1回以上で、まとめて拠出することもできます（年単位拠出）。ただし、企業型確定拠出年金（↓P246）に加入している人は年単位拠出はできません。掛金額は1年に1回だけ変更することができます。また、いつでも停止ができます。

▼給付金は三種類　払い損にはならない

先に述べたように、iDeCoは年金（正式には、老齢給付金）として老後に受け取ることができます。それ以外にも、一定の障害を負ったときに、iDeCoから障害給付金が給付されます。加入者が死亡した場合は、遺族などに死亡一時金が支払われます。

働き盛りの年齢で障害を負ったときは、老後まで待たずに給付を受けることができるというわけです。死亡したとき、それまでの掛金が誰にも支払われずに無駄になるということもありません。

▼受け取り方は三種類

年金の受け取り方は三種類あります。

①年金型　分割して受け取る方法です。5年以上20年以下の期間から1年単位で受取期間を指定します。1年で1～12回までの間で、回数と受取月を指定します（受取回数は金融機関によって異なる）。

②一時金型　一度にまとめてもらう方法です。iDeCoで貯めたお金をすべて一度に受給する方法で、税法上は「退職金」と同じ扱いになります。

③年金と一時金の組み合わせ型　①と②を組み合わせる方法、つまり、一部を一時金型で、残りを年金型で受け取る方法です。

▼運用できる商品は大きく二種類

iDeCoで運用できる商品は、大きく分けると**元本を確保する運用を行う元本確保型**と**運用成績によってリターンもある価格変動型**の2種類あり、この二つを併用することも可能です。

元本確保型の商品は定期預金と保険商品です。元本を維持しやすい一方で、利率（利子）が低いのが特徴です。掛金が大幅に増えなくても戻ってくる金額を確実なものにしたい、所得控除のメリットを活用したい（→P257）という、安定志向の人に向いているといえます。ただし、元本確保型だけでは、得られる利益よりも手数料が上回る（特に保険の場合）ことがあり、実質元本割れすることもありえます。インフレとともにお金の価値が下がるインフレリスクもあります。価格変動型と併用することをおすすめします。

価格変動型の商品は、投資信託です。iDeCoで購入できる投資信託には、株式（国内、外国型）、債券（国内、外国型）、REIT（国内、外国型）、バランス型、商品（コモディティ）などがあり、金融機関によっても商品は異なります。

投資信託の中から、自分の目的や好みのもの、リスク許容度を知っておいたうえで、商品を選ぶことになります。投資信託で気をつけたいのが、定期預金や保険にはない二つのコスト（信託報酬と信託財産留保額《しんたくざいさんりゅうほがく》）（→P188）がかかること。コストを確認し、納得したうえで商品を選んでください。

04

ｉＤｅＣｏの税制優遇と受け取り方

▼三つの税制優遇がある

ｉＤｅＣｏには、**次の三つのタイミングで税制優遇措置《ぜいせいゆうぐうそち》**があります。

①お金を拠出する（かける）とき

②運用益が出たとき

③給付を受け取るとき

税制優遇措置はｉＤｅＣｏの最大のメリットといってもよく、老後資金を手厚くするという明確な目的のためにお金を拠出できるのなら、迷わずｉＤｅＣｏを選択すべきです。

では、それぞれの優遇措置を説明しましょう。

①お金を拠出するときの税制優遇

月々、または年で掛ける金額が、全額所得控除されます。その結果、所得税と住民税が軽減されます。たとえば、掛金が毎月2万円なら年間24万円分、その年の所得が少なかったとして所得税額と住民税額が計算されます。

所得税率は所得に応じて5~45%、住民税率は所得に関係なく10%です。年収400万円で所得税率5%の人が年間24万円拠出した場合、所得税は1万2000円（24万円×5%）、住民税は2万4000円（24万円×10%）安くなります。年間の掛金24万円のうち、3万6000円分が戻ってくるということです。掛金と比較してかなりの額が還付されることがわかるでしょう。

会社員や公務員など（国民保険の第2号被保険者）の場合は、iDeCoの掛金を年末調整で小規模企業共済等掛金控除として申告すれば、会社で調整してくれます。個人事業主などは、確定申告で所得控除をすることになります。

②運用益が出たときの税制優遇

株や投資信託など、資産運用で得た利益に対しては通常約20%の税金がかかります。しかし、iDeCoでは、利益が非課税です。分配金にも税金はかかりません。ちなみに、年金として受給するまでお金を受け取れないというiDeCoのルールは、分配金にも適用されます。分配金は税額も取られず、自動的に運用に再投資されます。

③給付時の税制優遇

・iDeCoで給付を受けるときは、自分が拠出してきた金額ではありますが、課税の対象となります。ただし税制優遇され、実際には非課税で受け取れるケースも多いでしょう。運用したお金の受け取り方は、年金型と一時金型と、その二つを併用する型の三つあるとお話ししました（→P254）。

年金型で受け取る場合は、公的年金と同じ扱いで**公的年金等控除**を利用できます。他の年金と合算してから、一定額を控除したあとの金額に対して課税されるしくみです。**受け取る年金の総額が、65歳未満は年間60万円以下、65歳以上は年間110万円以下の場合、全額控除になります。他の公的年金等の受取額が多い人や、その他不動産などの所得がある場合は、税率が高くなる可能性があります。**

一時金で受け取る場合は、**退職所得控除**を利用できます。一時金で受け取る全額が課税対象となるわけではなく、一時金でもらう金額からiDeCoの加入期間で変わる退職所得控除額を差し引き、残った金額の半分が課税対象となります。

年金型と一時金型の併用では、**公的年金等控除と退職金所得控除の二つの所得控除を併用**します。一つの選択肢としては**退職所得控除額の範囲内の金額を「一時金」としてもらい、それ以外は年金型で受け取る方法があります。**こうすれば退職所得控除の恩恵を受けつつ、1年で受け取る年金の総額が減るため、公的年金等控除を有効に使うことができ節税につながります。

▼勤務先で退職金を受け取る場合の注意点

次の①②③を同時に満たしている場合は注意が必要です。

①iDeCoの受け取りで一時金を指定している
②定年退職時に勤務先から退職金を受け取る
③①と②のタイミングが同じ

退職金とiDeCoの一時金を同じ時期に受け取るようにすると、退職所得控除額は、勤務先からもらう退職金とiDeCoの一時金とを合算して計算します。合算額が退職所得控除額を超えていると、損をするかもしれません。

たとえば、退職所得控除額が2060万円で、退職金が1400万円、iDeCoの一時金が800万円の場合、この二つを足した額は2200万円。この額は退職所得控除額を超えているので、退職所得控除額を差し引いた金額の半分である70万円に税金がかかります。

受取時期が視野に入る時期になったら、退職金の額を調べて、退職所得控除を計算してみてください。退職金と一時金の合計が退職所得控除額の範囲内に収まりそうなら、同じタイミングで受け取るとよいでしょう。範囲を超えそうなら、退職金と一時金の受け取りのタイミングをずらすのも一つの方法です。

税金の計算は、自分だけではわかりにくいし、税制は時代によって変わるので、受け取り時に制度が変わっていることもありえます。事前に税務署や税理士、自治体の税務相談窓口などに相談してみてください。

「拠出時」「運用時」「給付時」の三つで税制が優遇される

◉拠出時

拠出額が全額所得控除される

所得税は、個人の所得に対してかかる税金で、1年間のすべての所得から所得控除を差し引いた残りの課税所得に税率を適用し税額を計算することになっている。iDeCoの拠出金は全額所得控除に含めることができる。

◉運用中

通常の運用では利益に対して約20％の所得税がかかるが、iDeCoでの運用なら全額非課税

◉給付時

年金型で受け取る	**公的年金等控除**を利用できる（公的年金と同じ扱い）。 ➡他の年金と合算してから、一定額を控除したあとの金額に対して課税される。 ➡受け取る年金の総額が、65歳未満は年間60万円以下、65歳以上は年間110万円以下の場合、全額控除。
一時金で受け取る	**退職所得控除**を利用できる。 ➡一時金でもらう金額からiDeCoの加入期間で変わる退職所得控除額を差し引き、残った金額の半分が課税対象となる。
年金型と一時金型の併用	公的年金等控除と退職金所得控除の二つの所得控除を併用。 ➡たとえば、退職所得控除額の範囲内の金額を「一時金」としてもらい、それ以外は年金型で受け取る方法など。

05

iDeCoのデメリットを知ってNISAと使い分ける

▼デメリット① 60歳まで引き出し不可

iDeCoには、注意したい点もあります。一つ目は、**拠出したお金は、原則60歳まで引き出せないということ。** 老後の資金として取っておける、という意味ではメリットですが、何か資金が必要な事態が起きたときにiDeCoを解約して拠出したお金を手元に戻す、ということができません。

税制優遇という大きなメリットだけに目を向けてしまい、投資額の多くをiDeCoに掛けてしまうと、いざというときに困ることになるのです。特に若年層で、結婚、住宅や教育資金などまとまったお金が必要なライフイベントを控えている人は注意すべきです。

老後の資金にどの程度必要なのかをまず把握してから、非課税枠への投資はいつ

でも引き出しができるNISAをメインに。手元資金が500万円になるなどの余裕ができたら、iDeCoをフル活用して併用していくとよいでしょう。

▼デメリット② 意外と手数料がかかる

iDeCoをはじめるにあたって、手数料は見逃せない注意点です。まず、加入時の手数料として、iDeCoを運営する国民年金基金連合会に2829円を支払います。また、掛金を納付するごとに国民年金基金連合会に手数料105円を支払います。管理する信託銀行には月に66円の手数料を支払います。

この他に、金融機関によって口座管理料として月々0〜450円程度の手数料を支払う場合があります。すでに口座を持ち、一定の資産残高があれば手数料をとらない金融機関もあります。手数料の差は大きいので、始める前に必ず比較してください。

こうしてみると、拠出する金額が少ないと手数料の比率が高くなってかえって損になることがわかります。**少なくとも月1万円以上の拠出をする、もしくは、拠出**

頻度を年に1回にまとめて掛金納付の手数料を抑えることも候補になるでしょう。

ちなみに、給付を受けるときも、給付事務手数料として440円ほどを信託銀行に払います。給付のたびに、給付金から天引きされます。

▼デメリット③ 元本が減ることもある(元本割れリスク)

・iDeCoには、定期預金や保険などの元本確保型と投資信託がメインの価格変動型があります。**価格変動型はリスクを含む商品のため、他の口座で運用するときと同じように、運用次第で元本より減ることもあります。**

・iDeCoは加入する年齢によって元本確保型の商品と、価格変動型の商品をうまく組み合わせましょう(→P254)。また、運用益は重視しないセレクトで、拠出時の減税だけを目的とする方法も戦略の一つといえます。

▼資産運用の基本を知る必要がある

投資信託を中心に、月々可能な金額を拠出し、60歳まで引き出さずに運用するというiDeCoは、初めて投資を行う人が実践したい、①長期的に（60歳まで引き出せない）、②分散投資しやすい（投資信託が中心）、③少額の積立購入（毎月コツコツ買える）の構造になっています。

iDeCoで選択できる商品には、積極的にリスクを取っていくものや、海外中心に投資するもの、あらかじめ決められた配分で自動的に購入する商品の割合が調整されているバランス型投信（→P174）など、さまざまな商品があります。

制度のルールに従うことで、ある程度手放しで資産運用を続けられることはとても便利ですが、自分のお金を拠出しているので、商品選びを他人任せにしてはいけません。自分が購入した商品がどういう方針で運用されているか、資産運用について勉強し、自分の家計状況、日本と世界の経済情勢にあわせて、ある程度は商品の変更も考えていかなければなりません。

iDeCoとNISA（2024年〜）の比較

iDeCoは、NISAと異なり、拠出した金額が全額所得控除になる。また、購入できる商品に定期預金など元本確保型商品、保険が含まれているのも特徴。

	iDeCo	新NISA（2024年開始）	
		つみたて投資枠	成長投資枠
投資可能期間	原則65歳まで	無期限	
口座開設 維持費	開設：2,829円〜 維持：2,052円〜	なし	
拠出額の 所得控除	対象	対象ではない	
購入できる 商品	定期預金、保険、 投資信託など	長期の積立・分散投資に適した一定の投資信託	上場株式・ 投資信託など
年間非課税 投資枠	【会社員】 14.4/24/27.6万円 のいずれか 【自営業者】 81.6万円	120万円	240万円
非課税 保有限度額 （総枠）	なし	1,800万円 *簿価残高方式で管理（枠の再利用が可能） （うち成長投資枠は1,200万円が上限）	
非課税 保有期間	60〜75歳まで	無期限	
受取時の課税	対象 （退職所得控除、または公的年金等控除適用）	対象外	

Chapter 6

投資のための金融機関の選び方

01

何のためのお金なのかを明確にして金融機関と口座を選ぶ

▼投資の目的があいまいだと口座選びもあいまいになる

投資を行うには、金融機関で口座を開設することが必要です。金融機関の窓口に出向くことなく、インターネットで簡単に口座を開設できるようになりましたが、それでもそれなりに手間はかかります。そのためか、**開設済みの口座で取引を続けようとする方がいますが、必ず検討し直してください。**

第1章・第2章でお話ししたように、貯蓄にしても投資にしても「何のための貯蓄なのか」「何のための投資なのか」「いつまで待てるお金なのか」を明確にすることが大切です。そうしないと、行き当たりばったりの投資行動に走りがちになります。たとえば、将来が不安だから何となくＮＩＳＡのつみたて投資枠で積立購入を始めたという場合。非課税枠を最大に使ってコツコツ貯めていこうとしたものの、投資に向ける金額が多すぎて何度も途中引き出しをしてしまい、結局、中途半端な運用になってしまった、ということが起こってしまうかもしれません。

「将来が不安だから何となく」という理由だったら、「将来」についての解像度をもう少し上げてみてください。たとえば、将来を「セカンドライフに入る20年後」と定めて、そのときまで緊急時以外は絶対に引き出さない、と決心して、NISAのつみたて投資枠を使って積み立てる金額を決め、口座を開きます。同じ「将来」でも、それが「5年後」にマイホームの購入を考えているというものなら、頭金分は別に国債で運用する、金利のよいネット銀行で積み立てをする、というようにです。

このように商品や口座の使い分けをしてください。

金融機関を選ぶ手順をざっくりとまとめると次のようになります。

①「何のために貯めるのか、投資するのか」「いつまで待てるのか」を明確にする。
②どういう性格の商品を、どういった口座で運用するかを考える。
③投資したい商品がそろっていて、かつコストの安い金融機関を決める。

②を考えたときに、開設済みのところよりふさわしい金融機関があるようなら（たぶんあるはずです）、迷わず切り替えてください。

このように自分の資産をどの口座にどのくらい入れるかを考えることを**アセットロケーション**といいます。ロケーションは場所という意味。つまり、資産の置き場所を考える、ということです（アセットアロケーション→P71と混同しないように注意）。

▼優先すべきは「証券会社に税制優遇口座」を作ること

③の「投資したい商品がそろっている」という点、「コストが安い」という点について、説明を続けます。

まず、投資したい商品がそろっている金融機関について。**じっくりと商品を選んで納得のいく運用をしたいのなら、証券会社に口座を開設してください。**

銀行も投資信託などの商品を取り扱っていますが、投資信託や個人向け国債に限られています。個人向け国債以外の債券、株式は扱っていません。その点、証券会社は国内外の株式をはじめ、債券、投資信託など扱う商品が豊富です。また、投資の参考になるレポート（投資情報）なども充実しています。投資の知識、経済の知識がついてくると、「いずれは株式の個別銘柄にも投資したい」とか「海外ETFに投資したい」といった意欲が高まってきます。そうなった場合、選択肢の多い証券会社のほうが融通が利きます。

次に「コストが安い」ことについて。銀行でも証券会社でも金融商品を購入し、運用していくと、さまざまなコストがかかることは第3章で説明した通りです。このコストのうち、**すぐに対処できるのが運用益にかかる税金**です。したがってこれまで繰り返し述べているように、NISA、iDeCoについては、積極的に活用すべきです。その中で、**特に長期の積立を考えているのなら、NISAのつみたて投資枠、老後資金を目的とするならiDeCo、などと使い分けるようにしてください。**

▼資金を出し入れする場としての銀行の選び方

銀行は投資用口座としては選択肢が限られていますが、現在持っている銀行口座とは別に、投資で使う銀行口座を作るべきです。

証券会社と提携する銀行であれば、銀行口座と証券口座の間の資金の移動が、スマホの画面上で無料で、しかも即日行えるサービスも一般的になっています。そのほか、毎月投資先の口座に自動入金する、株式などを買う際に口座の残金が不足していれば銀行の口座から自動的に入金するなどのサービスがあるところもあります。特定の証券会社との連携で、銀行口座の金利が優遇されるなどの特典があることも。使いたいサービスや特典があるかを、銀行口座選びの基準にしてください。

02 証券会社を選ぶ三つのステップ

▼ステップごとに注意　証券会社の選び方

いよいよ証券会社を選ぶ段階に入ります。繰り返し述べているように、これから投資を始める人は、投資信託をＮＩＳＡやｉＤｅＣｏの口座で購入することがベースとなります。コア・サテライト戦略（→Ｐ120）でいうならば、投資信託をコアにして、サテライトで株式投資などを行う運用スタイルをおすすめしていますが、そうすると証券会社選びは次のような三つのステップを踏むことになります。また、どのケースを選ぶかで主に次の六つのケースで証券会社のチェックポイントが変わってきます。

ステップ❶ 税制優遇口座を選ぶ

①NISAから始める場合

②NISAとiDeCoを併用する場合

ステップ❷ コアを固める

③投資信託を購入する場合

④投資信託を積立購入する場合

ステップ❸ サテライトを検討する

⑤株式での投資を検討している場合

⑥投資信託に加えて株式、債券などの幅広い投資を視野に入れる場合

順に説明していきましょう。

ステップ1 税制優遇口座を選ぶ

①NISAから始める

投資を始めるときにNISA口座を作らない、という選択肢はあり得ません。NISAは、1人につき1口座ずつしか作れません。1年に1回金融機関を変更することができますが、決められた手続きや期間があります。「とりあえず作っておこう」ではなく、ある程度先を見ることが必要です。NISAでどのように投資をしていくか大まかな見通しを立て、そのうえで自分に合った商品があるか、NISA口座特有のサービスはあるかなどを見て、決めます。

②NISAとiDeCoを併用する

老後に確実に資産を残しておきたいという場合は、**NISAに加えてiDeCoの口座を開設する**ことになります。まずはNISAとiDeCoでそれぞれどのように運用していくかを大まかに考えてから、自分に合った商品があるか、NISAやiDeCoのサービスの内容などを見て、決めます。

iDeCoには特有の手数料がかかりますが、運営管理手数料は口座を開設する金融機関によって変わります。運営管理手数料の安さも大きな検討材料です。NISAと同様、iDeCoも1人1つしか口座を作れません。しかも年ごとに変えるのは事実上難しいです。金融機関を移すことはできますが、手続きは複雑です。ある程度見通しを持って口座選びをすることが肝心です。

ステップ❷ コアを固める

③投資信託を購入する

投資に関わるコストを安く抑えることができる証券会社を優先します。なかでも**購入手数料**は販売会社（証券会社）に支払う手数料で、証券会社がある程度自由に設定できます。同じ投資信託の商品でも証券会社によって手数料が異なります。目星をつけている投資信託があれば、その商品を安く購入できる証券会社を選ぶとよいでしょう。

④投資信託を積立購入する場合

投資信託を積立購入する場合は、③に加えて**積立額の下限額**をチェックします。

下限額は証券会社によってさまざまで、100円のところもあれば1000円のところもあります。

ステップ3 サテライトを検討する

⑤株式での投資を検討している場合

攻めのサテライトで株式投資を検討しているなら、**売買委託手数料**《ばいばいいたくてすうりょう》（売買手数料）をチェックします。証券会社によって、売買委託手数料が違ってきます。売買委託手数料は、買ったときと売ったときの両方で発生します。ひんぱんに株式を売買する場合は、この手数料だけで負担する金額が違ってきます。ネット証券は売買委託手数料が低く、店舗を持っている証券会社の10分の1程度の水準です（→P278）。

⑥投資信託に加えて株式、債券などの幅広い投資を視野に入れている場合

債券、そして将来的にはＲＥＩＴなども視野に入れている場合は、幅広く商品のラインアップをチェックしておきます。③〜⑤も参考にして、売買などの手数料や積立額の下限も比較してみましょう。

なお、口座を開くだけなら無料なので、**証券会社は1社に絞るのではなく、複数の会社に口座を開くのもよいでしょう。**ＮＩＳＡは手数料が安いＡ証券、株式投資はアナリストレポートが充実しているＢ証券、といった特徴が見えてきます。本格的な運用を始めるまでに、証券会社を絞れるとよいですね。

▼リアル証券かネット証券か

証券会社には大きく分けて、**リアル証券**と**ネット証券**があります。

リアル証券は、店舗を構えている証券会社のこと。ネット証券と同じようにインターネットで取引ができますが、コールセンターに電話して取引する、店舗で対面での投資相談ができる、といったサービスを受けることができます。証券会社大手の野村證券や大和証券などが有名です。

ネット証券は、実店舗を持たないか、あっても少ないのが特徴で、インターネットを通して取引を行います。人件費や店舗の費用がかからない分、手数料が安いというメリットがあります。ＳＢＩ証券、楽天証券などが、取り扱い商品も多くネット証券の大手とされます。

リアル証券とネット証券の違いは、売買委託手数料です。投資信託の購入手数料は、商品ごとに上限額が設定されていて、上限の範囲内であれば証券会社が自由に設定できます。リアル証券でも購入手数料0円のノーロードファンドを扱っていますが、ネット証券では「すべてノーロードファンド」を打ち出しているところもあります。ネットでしか取引をしない、投資相談をせず独力で判断をするというのであれば、手数料がお得なネット証券で開設するのがよいでしょう。

なお、インターネットで調べると、ネット証券の比較サイトがいくつかあります。手数料などの最新情報、投資信託に強いか、NISAで扱う商品が豊富かなどを確認できるので、各社を比較、検討してみてください。また、投資を行うことで、たとえば、SBI証券ではTポイントやPontaポイントなど、楽天証券では楽天ポイントが貯まるしくみもあります。ポイントはあくまでもおまけですが、まったく貯まらないよりは貯まったほうがいいので、他の条件が同じようなら自分が貯めたいポイントに応じて証券会社を選んでください。

03

証券会社に税制優遇口座と課税口座を開設する

▼口座開設はいつでもできる

証券会社を選んだら、いよいよ口座を開設します。**いまはネット証券はもちろん、リアル証券でもネット上で口座開設手続きができるところがほとんどです。**本人確認書類などをスマホで撮影し、アップロードすることで本人確認手続きが済む方法もあります。つまり、スマホだけで口座開設が完結するのです。

開設手続きでは、指定された本人確認書類を用意して、手元に置いておくと作業がスムーズです。口座開設自体は、当日〜10日程度で完了します。はじめての人にとって、証券会社の口座を開くことが最初のハードルになります。一気に投資をスタートしようとせず、まずはこの口座開設を終わらせておくと決めると気持ちも楽です。気になる証券会社の口座をとりあえず開設しておきましょう。

▼税制優遇口座開設の注意点

ＮＩＳＡやｉＤｅＣｏの税制優遇口座は、各々一つずつしか開設できません。すでに開設している口座があったら、新しく開設しようとしてもできません。別の口座にしたかったら、ｉＤｅＣｏは口座移動の手続きが、ＮＩＳＡは年が変わる際の変更が必要になります。

ＮＩＳＡ口座を開設するときは、同時に課税口座の開設も行います。これは、ＮＩＳＡ口座の上限を超えて投資をする場合、課税口座を使わざるを得なくなるからです。後で説明するように、どの課税口座で運用するかを決めておきましょう。**通常は、「源泉徴収ありの特定口座」を選びます。**

必要書類をWEB上で作成、本人確認書類をスマホで撮影して送付など、オンラインで手続きが完了する証券会社もある。

▼課税口座はどれにする？　特定口座と一般口座の違い

課税口座の申し込み手続きをするときに、**一般口座**と**特定口座**のどちらかを選ぶことになります。

一般口座では、投資家自身が年間の損益を計算し、確定申告して納税をする必要があります。**一般口座は、個人投資家にとってほとんどメリットがないので、口座開設する際は特定口座を選択してください。**

特定口座では、証券会社が投資家に代わって損益の計算をしてくれます。特定口座には「源泉徴収あり」と「源泉徴収なし」があります。**投資を続けていくなら、「源泉徴収ありの特定口座」を選んでください。**「源泉徴収あり」では、損益の計算だけでなく、利益から源泉徴収をして納税までしてくれます。確定した利益から税金を差し引いた金額が口座に入金されます。同じ証券会社の課税口座内であれば、損《そん》益《えき》通《つう》算《さん》（→P114）も行ってくれます。

一方、「源泉徴収なしの特定口座」は、自分で確定申告をして納税をする必要があります。利益が出なかった場合は確定申告をする必要はありません。また、給与

課税口座の種類

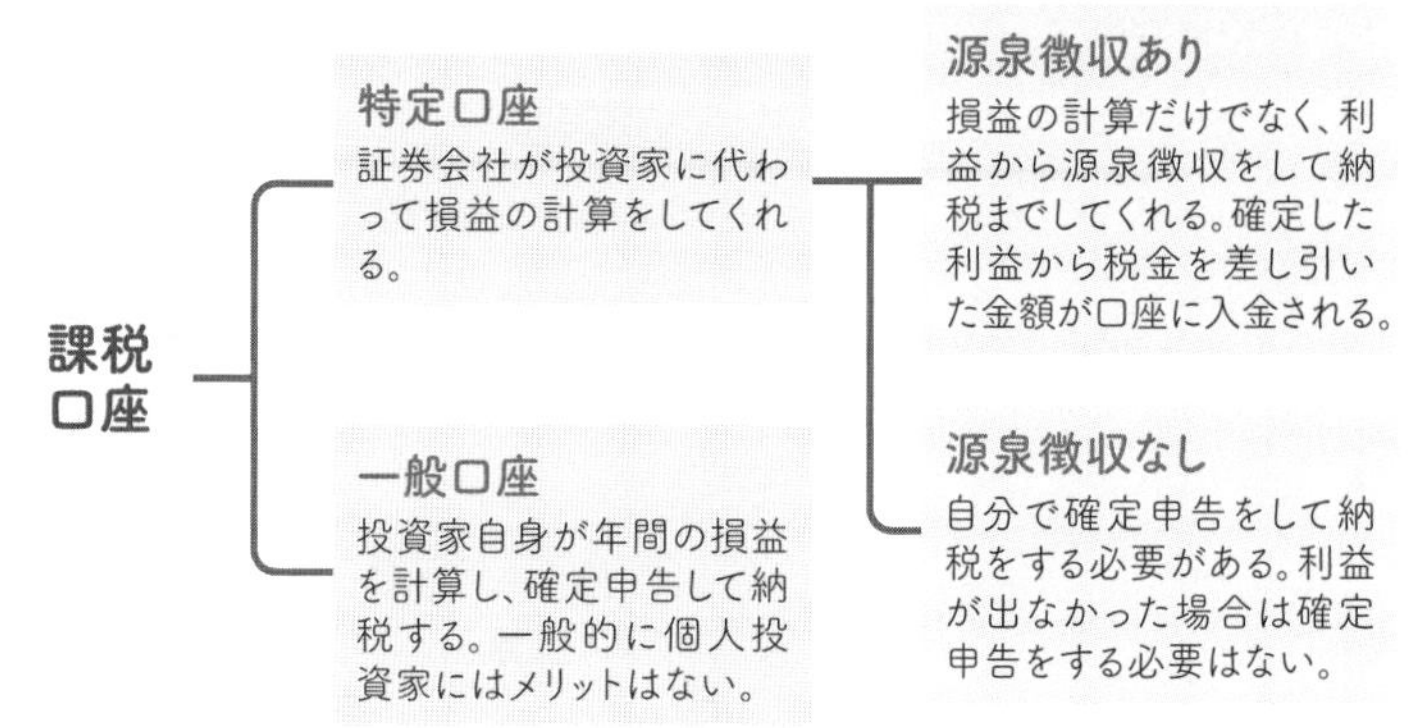
課税口座
特定口座
証券会社が投資家に代わって損益の計算をしてくれる。
一般口座
投資家自身が年間の損益を計算し、確定申告して納税する。一般的に個人投資家にはメリットはない。
源泉徴収あり
損益の計算だけでなく、利益から源泉徴収をして納税までしてくれる。確定した利益から税金を差し引いた金額が口座に入金される。
源泉徴収なし
自分で確定申告をして納税をする必要がある。利益が出なかった場合は確定申告をする必要はない。

所得者や年金所得者は、運用益が20万円以下の場合、確定申告や納税をしなくてもよいというルールがあります。

年間利益が20万円以下に収まりそうなら、「源泉徴収なしの特定口座」を選ぶほうがお得という見方もあります。ただし、住民税の申告は必要ですし、先に示した通り、「源泉徴収あり」を選んでいても、確定申告をして減税を試みることはできます。

なお、「一般口座」や「源泉徴収なしの特定口座」で買った商品は、途中から「源泉徴収ありの特定口座」に変更することができません。口座選びは慎重に行ってください。

【ま・や・ら】

【ら】

【さ】

◉さくいん

●監修者

風呂内《ふろうち》 亜矢《あや》

1級ファイナンシャル・プランニング技能士・CFP® 認定者、日本 FP 協会評議員。独身時代、貯蓄を 80 万円しか持たずマンション購入をしたことをきっかけに家計改善に取り組み、投資をスタートする。現在は、株式、投資信託の積立、不動産の賃貸経営など複数の投資を行うとともに、「日曜討論」（NHK）、「メレンゲの気持ち」（日本テレビ）などのテレビ番組や書籍などで、お金に関する情報を発信している。日常生活の記録に、お金の情報を織り交ぜて伝える YouTube チャンネル「FUROUCHI vlog」も更新中。
https://www.youtube.com/c/FUROUCHIvlog/

イラスト：平松慶
DTP デザイン：小山巧（志岐デザイン事務所）
執筆協力：アカシミホコ、松原葉子
編集協力：三輪高芳（パケット）
編集担当：原智宏（ナツメ出版企画）

本書に関するお問い合わせは、書名・発行日・該当ページを明記の上、下記のいずれかの方法にてお送りください。電話でのお問い合わせはお受けしておりません。
・ナツメ社 web サイトの問い合わせフォーム https://www.natsume.co.jp/contact
・FAX（03-3291-1305）
・郵送（下記、ナツメ出版企画株式会社宛て）
なお、回答までに日にちをいただく場合があります。正誤のお問い合わせ以外の書籍内容に関する解説・個別の相談は行っておりません。あらかじめご了承ください。

ナツメ社 Webサイト
https://www.natsume.co.jp
書籍の最新情報（正誤情報を含む）はナツメ社Webサイトをご覧ください。

投資《とうし》で資産《しさん》を増《ふ》やすため、絶対《ぜったい》に必要《ひつよう》な基本《きほん》の知識《ちしき》

2023年8月1日　初版発行

監修者　風呂内亜矢《ふろうちあや》　Furouchi Aya,2023
発行者　田村正隆

発行所　株式会社ナツメ社
東京都千代田区神田神保町 1-52　ナツメ社ビル１F　（〒101-0051）
電話　03（3291）1257（代表）　FAX　03（3291）5761
振替　00130-1-58661
制　作　ナツメ出版企画株式会社
東京都千代田区神田神保町 1-52　ナツメ社ビル３F　（〒101-0051）
電話　03（3295）3921（代表）
印刷所　ラン印刷社

ISBN978-4-8163-7415-9　Printed in Japan
〈定価はカバーに表示してあります〉〈落丁・乱丁本はお取り替えいたします〉